El REBE NAJMÁN Y TÚ

Cómo la sabiduría del Rebe Najmán de Breslov puede cambiar tu vida

por
Jaim Kramer

Traducido al Español por
Guillermo Beilinson

Publicado por
BRESLOV RESEARCH INSTITUTE
Jerusalem/New York

Copyright © 2013 Breslov Research Institute
ISBN 978-1-928822-71-4

Ninguna parte de esta publicación podrá ser traducida, reproducida o archivada en ningún sistema transmitida de ninguna forma y de ninguna manera, electrónica, mecánica, fotocopiada o grabada o de cualquier otra manera, sin el consentimiento previo, por escrito, del editor.

Título del original en Inglés:

Rebbe Nachman and You
How the wisdom of Rebbe Nachman of Breslov can change your life

Para más información:
Breslov Research Institute
POB 5370
Jerusalem, Israel.

Breslov Research Institute
POB 587
Monsey, NY 10952-0587
Estados Unidos de Norteamérica.

Breslov Research Institute
c\o G.Beilinson
calle 493 bis # 2548
Gonnet (1897)
Argentina.
e-mail: abei2ar@yahoo.com.ar

Diseño de Cubierta: Ben Gasner
Impreso en Argentina

El Breslov Research Institute
agradece profundamente
la generosidad de

**Henry (Zebulun), Clemencia Isabel (Rujama)
Clemencia Sierra de Rebolledo y Rina**

por su generoso apoyo a la difusión
de las enseñanzas del

Rebe Najmán de Breslov

Que el mérito del Tzadik
les traiga una excelente salud espiritual y física
y éxito en todos sus emprendimientos

ÍNDICE

INTRODUCCIÓN 7

PRESENTACIÓN

    1. ¿Quién es el Rebe Najmán? 15
    2. ¿Quién es el rabí Natán? 19
    3. ¿Qué es Breslov? 23
    4. ¿Por qué Umán? 25
    5. ¿Cómo es que el Rebe Najmán me habla a mí? . . 29

IDEAS BÁSICAS DE BRESLOV

    6. ¿Qué es la Libertad de Elección? 35
    7. ¿Qué es la Simpleza? 41
    8. ¿Qué es la alegría? 47
    9. ¿Qué es la Paz? 53
    10. ¿Qué es el Sufrimiento? 59
    11. ¿Qué son los Puntos buenos? 65
    12. ¿Qué es Comenzar de Nuevo? 71
    13. ¿Qué es la Verdad? 75
    14. ¿Qué es la Fe? 81
    15. ¿Qué es el Pacto? 87
    16. ¿Qué es un Tikún? 93
    17. ¿Qué es el Tzadik? 99

LAS HERRAMIENTAS

    18. La Torá 111
    19. La Plegaria 119
    20. Las Mitzvot 129
    21. La Caridad 135

RASGOS POSITIVOS Y NEGATIVOS

    22. Los Cuatro Elementos 145
    23. Comer y Dormir 151
    24. El Elemento del Fuego 157
        • ¿Orgullo o Humildad? 157
        • ¿Ira o Paciencia? 159
        • ¿Celos o Benevolencia? 161
        • ¿Osadía o Audacia? 164
        • ¿Victoria o Derrota? 166

LOS DESAFÍOS DIARIOS

    25. Ganando el Sustento 173
    26. El Habla 179
    27. La Imaginación 183
    28. El Dilema Moral 189

EL REBE NAJMÁN TRATA DE TI 195

DIAGRAMAS .197

GUÍA DE ESTUDIO 205

GLOSARIO .207

INTRODUCCIÓN

NUNCA SE HA VISTO nada igual en el mundo judío. El Rebe Najmán de Breslov no dejó a nadie que lo sucediera a la cabeza de su movimiento jasídico, pero aun así dos siglos después de su fallecimiento más y más personas están siguiendo sus enseñanzas. Provienen de todos los sectores de la humanidad - desde el buscador hasta el indiferente, desde el complaciente hasta el antagonista, desde el observante al ateo -y del mundo entero- de América del Norte y América del Sur, de Europa, de África, de Australia y de Asia.

¿A dónde van? A Umán, una pequeña ciudad en Ucrania que aún se asemeja a un pueblo del siglo XIX con sus descascaradas casas y racionamiento de alimentos, agua y gas para sus 90.000 residentes. La tumba del Rebe Najmán, localizada cerca de la sección del viejo mercado es el lugar para el *kibutz* anual de Rosh HaShaná de Breslov (la reunión para el Año Nuevo Judío). Allí, miles de personas estudian las enseñanzas del Rebe Najmán y tratan con todas sus fuerzas de conectarse con Dios a través del estudio de la Torá, de la plegaria y del sólo hecho de "estar allí" con todos aquellos que están buscando una experiencia espiritual similar.

¡Y es en verdad una experiencia!

En el año 2012 cerca de 30.000 personas bailaron, cantaron y oraron, veinticuatro horas al día, en las sinagogas y en las calles que rodean la tumba del Rebe Najmán. La atmósfera era electrizante, la alegría indescriptible y cada participante se empapó de suficiente energía espiritual para el resto del año.

¿Qué es lo que produce esa manifestación de energía espiritual en un lugar tan alejado y a trasmano? ¿Qué poder lleva a la gente a dejar sus familias y amigos y a abandonar el confort del hogar? ¿Qué hay en el Rebe Najmán y en sus enseñanzas que involucran tal dedicación y devoción por parte de sus seguidores como para pasar Rosh HaShaná con él en situaciones de absoluta incomodidad?

Y quizás, una pregunta más poderosa aún: ¿Por qué el Rebe Najmán se ha vuelto tema de conversación en los hogares? Después de la Segunda Guerra Mundial quedaron cerca de 150 jasidim de Breslov en el mundo entero - noventa de ellos en Israel, diez en Norteamérica y quizás cincuenta que sobrevivieron a los campos de concentración y las purgas de los judíos y del judaísmo por parte de la NKVD soviética. En la década de 1950, cuando comencé a acercarme a Breslov, había muy poca gente en Norteamérica que había oído sobre el Rebe Najmán y sus enseñanzas. Incluso en la década de 1960 había quizás algunos cientos de jasidim en el mundo. ¿Quiénes son estas personas que ahora van a Umán?

Este libro fue escrito para tratar sobre el fenómeno actual que es el Rebe Najmán. ¿Quién es el Rebe Najmán? ¿Qué hay en sus enseñanzas que inspiran y motivan a la gente a buscar más? ¿Cómo es posible que un maestro jasídico del siglo XIX, que vivía en un pequeño pueblo de Ucrania tenga tanto impacto en gente del siglo XXI? ¿Dónde está Umán y cuál es el significado de la peregrinación a la tumba del Rebe Najmán? Y ¿son las enseñanzas del Rebe Najmán tan relevantes que también yo puedo beneficiarme de ellas aquí y ahora?

Este libro es una introducción al Rebe Najmán y al Jasidismo de Breslov. Explica cómo el movimiento se difundió y llegó a ser la poderosa fuerza que es hoy en día, con datos históricos que incluyen al rabí Natán, el discípulo más cercano del Rebe. Más importante aún, explica muchas de las enseñanzas e ideas del Rebe Najmán y de su relevancia práctica en el mundo de hoy. Ello se debe a que la Jasidut no es sólo un sendero en la vida - es la manera de vivir una vida *plena*, sea donde fuere que uno viva y haga lo que haga.

El genio del Rebe Najmán yace en su capacidad de

INTRODUCCIÓN

mostrarles a las generaciones futuras el camino para vivir la vida en plenitud, dándole a la gente las herramientas para trabajar por sí misma. El Rebe llena nuestra "caja de herramientas" con conceptos tan básicos como la alegría, la simpleza y la fe; explica cómo podemos utilizar las bien probadas herramientas del judaísmo - la Torá, la plegaria y las *mitzvot*; define las fortalezas y las debilidades que cada persona tiene a su disposición; y describe los desafíos que debemos enfrentar diariamente. El Rebe también habla sobre el Tzadik - el individuo espiritual y moral que puede iluminar el sendero de muchos otros.

Enseñan nuestros Sabios, "¡Ábreme un hueco como el ojo de una aguja y Yo abriré para ti pasajes a través de los cuales puedan pasar bueyes y carretas!" (*Shir HaShirim Rabah* 5:3). Este libro abre y muestra nuevas perspectivas para la vida en el siglo XXI, infundiéndonos la esperanza de que *sí podemos* superar los obstáculos que se encuentran entre nosotros y la vida que realmente queremos vivir. Con el Rebe Najmán mostrándonos el camino, también nosotros podemos experimentar el éxito físico, emocional, espiritual y financiero. Únete a nosotros en esta introducción al Rebe Najmán y a sus enseñanzas para el buscador espiritual del siglo XXI.

Jaim Kramer
Iyar 5753
Mayo 2013

PRESENTACIÓN

ANTES DE HABLAR SOBRE las ideas y enseñanzas del Rebe Najmán nos hacen falta algunos antecedentes.

El Rebe Najmán y el rabí Natán, su discípulo más cercano, vivieron en una época de grandes desafíos para el pueblo judío. Inmediatamente después de las Particiones de Polonia en la década de 1790, los zares rusos comenzaron a emitir decretos para reclutar a los niños judíos en el ejército ruso por un período de 25 años con la intención de cortar a la siguiente generación de toda asociación con el judaísmo.

El gobierno también comenzó a forzar la educación secular en los niños, alejando a los jóvenes de sus raíces judías. Los zares implementaron los crueles límites de la infame Zona de Asentamiento Judía, expulsando a los judíos de las áreas rurales y hacinándolos en las ciudades, donde vivieron en extrema pobreza, habiéndoseles quitado sus medios de sustento.

Esos decretos, a su vez, forzaron a que las comunidades se replegaran sobre sí mismas enfrentando a los eruditos en contra de los ignorantes, a los *mitnagdim* (opositores al Jasidismo) en contra de los jasidim, a los jasidim en contra de ellos mismos y, peor aún, a judíos contra judíos.

Bajo esas condiciones, ¿qué posibilidades había de que se presentase un rebe y líder que pudiese encarar esos problemas y ofreciese aliento incluso en los peores momentos? ¿Podría haber alguien que ofreciese consuelo a los padres cuyos hijos eran sacados a la fuerza de sus hogares y ofreciese soluciones a la alienación espiritual? Y frente a la cacofonía del ateísmo, ¿habría una voz que resonara con fe y verdad para llevar al pueblo de Dios fuera del desierto del "iluminismo" y la herejía?

La respuesta es, "¡Sí!". En un mundo así, aún hay esperanzas, hay un rayo de luz. Vayamos al encuentro del Rebe Najmán y del rabí Natán y descubramos cómo también nosotros podemos aprender de ellos.

1

¿QUIÉN ES EL REBE NAJMÁN?

EL REBE NAJMÁN fue el bisnieto del rabí Israel, el Baal Shem Tov (el "Señor del Buen Nombre"), fundador del movimiento de renacimiento judío conocido como Jasidut. La madre del Rebe Najmán, Feiga, era hija de Odil, la hija del Baal Shem Tov. Su padre, el rabí Simja, era hijo del rabí Najmán Horodenker, uno de los discípulos más cercanos del Baal Shem Tov.

Con la Jasidut, el Baal Shem Tov revolucionó la vida judía en la Europa del siglo XVIII. Hasta ese entonces, la vida judía se centraba alrededor del estudio analítico de la Torá, del Talmud y de otros textos religiosos. Los judíos pobres e iletrados, impedidos de acercarse a esa erudición debido a las demandas del esfuerzo para ganarse el sustento, comenzaron a ser atraídos por grupos judíos disidentes y la asimilación. El Baal Shem Tov reconstruyó el servicio a Dios llevándolo del ámbito erudito hacia una experiencia emocional e incluso mística. Mediante parábolas cotidianas que cubrían profundos conceptos Kabalistas, hizo del judaísmo algo que todos podían comprender y apreciar. Restauró la valía del hombre común y enfatizó la alegría que Dios siente por nuestras devociones simples, tales como la plegaria y los actos de bondad.

Si bien el Baal Shem Tov inspiró a sus discípulos a crear sus propias cortes jasídicas, su influencia ya había comenzado a desvanecerse en la época del nacimiento del Rebe Najmán. Le correspondió al bisnieto del Baal Shem Tov volver a infundir a la Jasidut de espíritu y fervor, algo que hizo de una manera única.

El Rebe Najmán nació en el año 1772, doce años después del fallecimiento del Baal Shem Tov, en la ciudad de Medzeboz en la Ucrania occidental. El Rebe tuvo dos hermanos y una hermana. Durante su niñez, muchos maestros jasídicos visitaban la tumba del Baal Shem Tov en Medzeboz, parando en la casa de los padres del Rebe. El Rebe Najmán se sintió profundamente inspirado y alentado por esos grandes líderes a ser también un Tzadik y un Sabio de Torá. Adquirió su primer discípulo en el día de su casamiento en el año 1785. Subsecuentemente llegó a ser conocido como místico, maestro y relator de cuentos y finalmente como un renombrado maestro jasídico.

Después de su casamiento se mudó a Ucrania oriental, asentándose en Ossatin. Al comienzo de la década de 1790 se trasladó a la cercana Medvedevka, donde comenzó a atraer devotos seguidores. En 1798-1799, en lo más álgido de las guerras napoleónicas en el Medio Oriente, hizo su peregrinación a la Tierra Santa. Volviendo primero a Medvedevka, poco tiempo después se mudó a Zlatipolia, en el año 1800. Alrededor de esa época el rabí Arie Leib, el Zeide de Shpola, montó una amarga campaña de oposición al Rebe Najmán y a su "rama" de la Jasidut. Ello forzó al Rebe Najmán a mudarse a Breslov en septiembre del año 1802.

Fue inmediatamente después de la llegada del Rebe Najmán a Breslov que el rabí Natán, que vivía en la cercana ciudad de Nemirov, se volvió su discípulo. El rabí Natán comenzó a registrar las enseñanzas y conversaciones que son el legado del Rebe Najmán hasta el día de hoy.

El Rebe Najmán llevó más allá los objetivos del movimiento jasídico al traducir las enseñanzas esotéricas de la Kabalá en consejos concretos y prácticos que todos podían usar para mejorar sus vidas. El Rebe Najmán conocía y podía citar el versículo que fuera de cualquier enseñanza proveniente de todo el corpus de la sabiduría judía -el Tanaj, la Mishná, el Talmud, el *Zohar* y la Kabalá- con el fin de desarrollar sus lecciones. Además de sus enseñanzas formales, el Rebe relató historias que contenían los misterios más profundos de la Torá. Él dijo, "Creo que mis enseñanzas de Torá no les están llegando. Comenzaré a contar cuentos". Las innovaciones del Rebe Najmán en los discursos de Torá que se encuentran en sus intrincadas lecciones, al igual que las historias que relató, hacen de él una figura especialmente única en la difusión de la Jasidut.

Aunque joven de edad, el Rebe sabía del verdadero significado de la vida. Pasó mucho tiempo inmerso en el estudio de la Torá y trabajando para perfeccionar sus rasgos de carácter y su temor al Cielo. Mediante sus devociones y siendo todavía muy joven, los caminos de Dios se le volvieron absolutamente claros, escribiendo muchas páginas de consejos para ayudar a los demás a desarrollar una relación fuerte y satisfactoria con Dios.

El Rebe Najmán perdió a su esposa, la madre de sus ocho hijos, debido a la tuberculosis en el año 1807. Poco después se volvió a casar. A finales del verano de 1807 el Rebe Najmán mismo contrajo tuberculosis, una enfermedad que devastó su cuerpo durante tres años. Sabiendo que era inminente el momento de dejar este mundo, se mudó a Umán en la primavera de 1810. Durante todo ese verano siguió debilitándose. Pese a su enfermedad, cientos de seguidores fueron a estar con él para el *kibutz* anual de Rosh HaShaná. En ese Rosh HaShaná dio su última lección. Pocas semanas después falleció, el 18 de Tishrei 5571 (16 de octubre de 1810), a la edad de 38 años. Fue enterrado en Umán al día siguiente.

Dos hijos y dos hijas del Rebe Najmán fallecieron siendo infantes; cuatro hijas lo sobrevivieron. Sin hijos para sucederlo, era natural que su Jasidut desapareciera junto con su líder. El Rebe Najmán tenía un secreto que aseguró la continuación de sus enseñanzas y el crecimiento de sus seguidores por generaciones. El secreto era su discípulo más cercano y escriba, el rabí Natán. En el próximo capítulo nos encontraremos con el hombre que garantizó la supervivencia de la Jasidut de Breslov por cientos de años, hasta el día de hoy.

2

¿QUIÉN ES EL RABÍ NATÁN?

EN LA HISTORIA JUDÍA, todo gran maestro llegó a ser lo que fue debido a que tuvo al menos un discípulo capaz de recibir y absorber su conocimiento y, más tarde, diseminarlo para el uso futuro. Después de todo, sin discípulos -y más específicamente, sin *ese* discípulo- ¿cómo llegaría a ser reconocido como un gran maestro?

A 15 km de Breslov (un día entero de viaje a caballo y en carreta en la época del Rebe Najmán) se encuentra la ciudad de Nemirov, hogar del rabí Natán Sterhartz, un joven erudito de Torá nacido en el año 1780. El rabí Natán fue el yerno del rabí David Orbach, la autoridad *halájica* más importante de Ucrania occidental (Kaminetz-Podolia).

El rabí Orbach fue un importante opositor del movimiento jasídico, al igual que la familia más cercana del rabí Natán. Aun así, el rabí Natán fue atraído por las enseñanzas de la Jasidut. Cuando el Rebe Najmán se mudó a Breslov en septiembre del año 1802, el rabí Natán viajó hasta allí y quedó profundamente impresionado por las enseñanzas y la sinceridad del Rebe Najmán y de sus seguidores. Inmediatamente comenzó a registrar las lecciones del Rebe. Más tarde el mismo Rebe Najmán le pidió al rabí Natán que registrase sus enseñanzas, diciendo, "Debemos estarle agradecidos a Reb Noson, pues sin él ni una sola página de mis enseñanzas hubiese quedado" (*Tzadik* #369).

Durante los siguientes ocho años hasta el fallecimiento del Rebe Najmán y pese a toda la oposición que enfrentó por parte de su familia, el rabí Natán se volvió un frecuente visitante de Breslov acercándose mucho más al Rebe. Registró las lecciones del Rebe Najmán, sus conversaciones y cuentos y observó al Rebe muy de cerca, a partir de lo cual más tarde escribió la información biográfica que poseemos. También durante esa época el Rebe Najmán instruyó al rabí Natán para que comenzase a escribir sus propios discursos originales y plegarias. El rabí Natán se mostró entonces como un profundo pensador, un prolífico escritor y un alma caritativa y sensible.

Finalmente la esposa y la familia del rabí Natán reconocieron el impacto positivo que la Jasidut estaba teniendo en él y retiraron su oposición a la Jasidut de Breslov. El segundo hijo del rabí Natán, Reb Itzjak, se volvió uno de los discípulos más ávidos de su padre. Durante cerca de veintitrés años hasta el fallecimiento del rabí Natán los dos intercambiaron una voluminosa correspondencia, comunicándose y fortaleciéndose el uno al otro con las enseñanzas del Rebe Najmán. Ésas cartas fueron más tarde recolectadas y publicadas como *Alim LiTrufá* ("Hojas de Curación"), accesibles en español en la selección realizada por el Breslov Research Institute como *Hojas que Curan el Alma*.

Cuando el Rebe Najmán falleció en el año 1810, el rabí Natán estaba perfectamente calificado para sucederlo. Pero prefirió permanecer siendo el líder *de facto*, publicando todas las obras del Rebe y guiando a los jasidim de Breslov a cumplir con las directivas del Rebe. Cada año viajó cientos de kilómetros a caballo y en carreta, visitando y alentando a los jasidim de Breslov que vivían en toda Ucrania y fortaleciéndolos con sus cartas para que siguiesen el sendero del Rebe Najmán.

Incluso sin un rebe vivo, la Jasidut de Breslov se expandió y creció. Esto despertó los celos de varios de los contemporáneos jasídicos del rabí Natán quienes pensaban que un movimiento jasídico debía tener un rebe vivo para guiarlo. Los jasidim de Breslov se volvieron el objeto de una terrible oposición y hasta la vida del rabí Natán corrió peligro. Aunque la oposición fue disminuyendo de a poco al final de la vida del rabí Natán, continuó filtrándose tanto en las cortes jasídicas como en las escuelas lituanas hasta el día de hoy.

En la primavera de 1811 el rabí Natán se mudó a Breslov y estableció el *kibutz* anual de Rosh HaShaná en Umán. Para el año 1830 los cientos de jasidim que llegaban para el *kibutz* sobrepasaron la capacidad de las sinagogas locales y el rabí Natán comenzó a juntar dinero para construir un *kloiz* (sinagoga) de Breslov, lo que se terminó en el año 1834. El rabí Natán mereció ver el primer volumen de su *magnum opus*, el *Likutey Halajot*, impreso en 1843-1844. Comenzó a debilitarse alrededor del Rosh HaShaná del año 1844 y falleció inmediatamente después de Jánuca de ese año, el 10 de Tevet 5605 (30 de diciembre de 1844). Está inhumado en Breslov.

Los esfuerzos y la voluntad de hierro del rabí Natán tallaron y le dieron forma a la Jasidut de Breslov tal cual la conocemos. Al permanecer completamente fiel a las enseñanzas de su maestro y transmitirlas de manera fidedigna, construyó un movimiento que conecta a las generaciones posteriores directamente con el mismo Rebe Najmán. El rabí Natán no agregó ni sustrajo de las ideas enseñadas por el Rebe Najmán, sólo las expandió y explicó en sus propios escritos. Podemos estar seguros de que las ideas que estudiamos y encontramos tan útiles hoy en día están todas enraizadas en las enseñanzas originales del Rebe Najmán y en sus consejos dados hace más de 200 años - con una frescura que las hace más relevantes aún hoy en día.

3

¿QUÉ ES BRESLOV?

BRESLOV ES EL NOMBRE del pueblo en la Ucrania occidental donde el Rebe Najmán pasó la mayor parte de los últimos ocho años de su vida y que le dio su nombre al movimiento jasídico que fundó. Es posible viajar a Breslov hoy en día y tener una idea de lo que era vivir allí al comienzo del 1800. Aparte de los pocos metros cuadrados de asfalto resquebrajado y de varios cables telefónicos y eléctricos, el pueblo parece exactamente igual que durante la vida del Rebe Najmán.

El nombre Breslov es a veces transliterado como Bratzlav o Braclav; no debe confundirse con Bratislava en Checoslovaquia ni Breslau en Alemania. Breslov está situado sobre el río Bug, a la mitad de camino entre Nemirov y Tulchin, en el área previamente conocida como Kaminetz-Podolia.

Era común en los grupos jasídicos de la Europa oriental tomar su nombre del nombre de la ciudad donde vivía su rebe y líder. Cuando el Rebe Najmán se asentó por primera vez en Breslov en el año 1802 dijo que sus seguidores serían siempre conocidos como los jasidim de Breslov. Así es el caso hoy en día, aunque Breslov es ahora un movimiento mundialmente conocido y no haya jasidim de Breslov que vivan en el pueblo de Breslov mismo.

Aquellos que estudian *Guematria*, el sistema de asignarles valores numéricos a las letras hebreas, encuentran que el nombre *Breslov* le encaja perfectamente al movimiento de Breslov. El Rebe Najmán cierta vez hizo notar que el nombre *BReSLoV* (ברסלב) tiene las mismas letras que las palabras hebreas *LeV BaSaR* (לב בשר o לב בסר) [las letras *samaj* (ס) y *sin* (ש) son intercambiables]). *Lev BaSaR* es el "corazón de carne" que cada judío debe tener, como en la profecía de Ezequiel: "Yo les quitaré su corazón de piedra y les daré un *LeV BaSaR*, un corazón de carne" (Ezequiel 36:26). En verdad, las enseñanzas del Rebe Najmán tienen el poder único de transformar el "corazón de piedra" en un corazón caritativo y sensible, un "corazón de carne".

Adicionalmente, el nombre *BReSLoV* (ברסלב = 294) tiene el mismo valor numérico que *NaJMaN BeN FeIGA* (בן פיגא נחמן, "Najmán el hijo de Feiga"), el nombre del Rebe Najmán y su matronímico. Es como si el pueblo hubiese estado esperando la llegada del Rebe y desde ahí en más difundiera luz y conocimiento al mundo entero.

4

¿POR QUÉ UMÁN?

SI BIEN EL REBE NAJMÁN vivió y enseñó en el pueblo de Breslov durante ocho años, desde 1802 hasta 1810, eligió pasar los últimos seis meses de su vida en Umán, una pequeña ciudad de Ucrania y ser enterrado allí, en su cementerio.

Décadas antes, Umán había sido el sitio de varias masacres de judíos a manos de los Haidamacos, una banda de campesinos cosacos que arrasaron las ciudades, los pueblos y poblados de toda la región en su revuelta en contra de la nobleza polaca. La primera masacre en Umán tuvo lugar en el año 1749 cuando cientos de judíos fueron asesinados y parte de la ciudad quemada. El conde Félix Potacki, el señor de la ciudad, reconstruyó Umán en el año 1761; en la década de 1790 creó allí, en el norte de la ciudad, un jardín botánico mundialmente famoso y conocido como el Sofiefka Park.

En 1768 los campesinos se levantaron nuevamente en una revuelta. Umán está ubicada estratégicamente en el centro de Ucrania, aproximadamente a mitad de camino entre Kiev al norte y Odesa al sur, siendo también un punto intermedio entre el este y el oeste. En el siglo XVIII era una ciudad fortificada y amurallada y podría haberse mantenido inexpugnable durante mucho tiempo. Entre 25.000 y 30.000

judíos de las áreas circundantes huyeron a Umán ante el avance del ejército Haidamaco, protegiéndose detrás de los muros de la ciudad. Pero cuando los Haidamacos arribaron, el gobernador de Umán traicionó a los judíos y abrió las puertas, lo que resultó en tres días de masacre de más de 20.000 judíos.

Ivan Gunta, el líder de los Haidamacos levantó entonces una tienda fuera de la sinagoga en donde se habían refugiado cerca de 3000 judíos. Anunció que todo aquel que dejase la sinagoga y se convirtiese a la iglesia ortodoxa rusa salvaría la vida. Ningún judío dejó la sinagoga y Gunta los asesinó a todos. Sólo un puñado de judíos sobrevivió.

En 1802 el Rebe Najmán pasó por Umán en camino hacia Breslov. Viendo el cementerio y reconociendo la santidad de los mártires judíos enterrados allí el Rebe Najmán hizo notar, "Sería bueno ser enterrado aquí". En el año 1810 eligió volver a Umán para ser inhumado entre los mártires.

El rabí Natán, quien organizó la expansión del movimiento de Breslov después del fallecimiento del Rebe, comprendió que Umán, y no Breslov, sería el punto focal de la Jasidut debido a que el Rebe estaba enterrado allí. Invirtió mucho tiempo y esfuerzo para alentar a los jasidim a unirse a la peregrinación anual de Rosh HaShaná a la tumba del Rebe. También construyó una gran sinagoga en Umán para acomodar a los cientos de jasidim que viajaban allí. En 1866 el discípulo más importante del rabí Natán y su sucesor, Reb Najmán de Tulchin, se mudó a Umán de modo permanente y lideró a los jasidim de Breslov desde allí.

Además de la peregrinación anual de Rosh HaShaná a la tumba del Rebe Najmán, Umán se transformó en un magneto para los visitantes durante todo el año. Su popularidad se basa en una promesa única que hizo el Rebe cerca de medio año antes de fallecer. En ese momento el Rebe Najmán reveló el *Tikún HaKlalí* (el Remedio General), los Diez Capítulos de los Salmos que uno debe recitar para rectificar los pecados sexuales. El Rebe dijo entonces en presencia de dos testigos: "Todo aquel que venga a mi tumba, recite los Diez Capítulos de los Salmos y dé algo para caridad, por él yo atravesaré el largo y el ancho de la Creación; ¡por sus *peiot* (trenzas a los costados de la cabeza) lo arrancaré del Gueinom!".

Nadie, ni antes ni después, hizo una promesa semejante. Como resultado, miles de personas hacen el esfuerzo de viajar hacia la tumba del Rebe Najmán en Umán. Durante la era comunista desde 1917 hasta 1989 el viaje a Umán estuvo restringido y todo aquel que era atrapado allí corría el riesgo de ser deportado a Siberia - o algo peor. Pero igualmente lo hacían y siguieron haciéndolo - desde Israel, Inglaterra y América donde nuevas comunidades de Breslovers fueron fundadas después del holocausto. Más y más personas golpearon a las puertas hasta que finalmente la cortina de hierro se derrumbó y el camino se abrió para todos.

Hoy en día más de 30.000 personas viajan al *kibutz* anual de Rosh HaShaná en Umán. Allí es posible encontrar un *minián* para orar en cualquier Shabat del año. Nunca ha sido más fácil viajar a Umán y recolectar los beneficios de orar junto a la tumba del Rebe.

5

¿CÓMO ES QUE EL REBE NAJMÁN ME HABLA A MÍ?

A PRIMERA VISTA esto no parece posible. ¿Cómo pueden las palabras de un maestro jasídico del siglo XIX proveniente de un pequeño pueblo de Ucrania hablarle a la gente del siglo XXI que habita en las metrópolis del mundo occidental? ¿Qué es lo que el Rebe Najmán sabe sobre la época moderna - sus descubrimientos científicos y tecnológicos; sus avances en medicina, ingeniería genética y telecomunicaciones; su fenómeno de interdependencia global y de terrorismo cibernético?

Si piensas de esa manera, no conoces al Rebe Najmán.

El Rebe Najmán vivió en un momento crucial de la historia del mundo. De pie ante los umbrales de la era moderna, que introduciría tanto la revolución industrial que transformaría completamente la forma de vida de la gente como una revolución ideológica que sacudiría por completo el marco de creencias y suposiciones sobre las cuales la gente había basado su vida durante siglos, el Rebe Najmán dijo, "Les diré un secreto. Una gran ola de ateísmo está por entrar al mundo" (*Sabiduría y Enseñanzas del Rabí Najmán de Breslov* #220). Uno de los objetivos principales del Rebe era arrojar una balsa espiritual para aquellos que quedaran sumergidos bajo el inminente diluvio ideológico.

Mucha de la gente que lee las obras del Rebe Najmán tiene el extraño sentimiento de que el Rebe le habla directamente. Con una asombrosa claridad detalla los verdaderos problemas de nuestra era moderna: el quiebre de las relaciones personales y familiares; el aumento de la incidencia de la depresión, de la ansiedad y de otros desórdenes mentales; la dependencia de las drogas, el alcohol y otras diversiones que embotan el alma; la soledad existencial que sentimos pese a estar rodeados de más riquezas y posesiones que cualquier generación anterior. El Rebe vio con claridad que no era la sofisticación la respuesta adecuada. "La sabiduría más grande de todas", declaró, "es ser simples". "¡*Guevalt*!", exclamó. "¡Nunca abandones!".

El Rebe Najmán muestra cómo navegar a través de los desafíos de este mundo y alcanzar el éxito en nuestras vidas. Para ese fin nos presenta herramientas atemporales como la Torá, la plegaria, las *mitzvot* y la caridad, y sus propias enseñanzas originales sobre la alegría, la simpleza, la fe, la búsqueda de los puntos buenos y muchas otras. Sus enseñanzas sobre el Tzadik nos ofrecen asombrosas oportunidades para imbuir nuestras vidas de más santidad y moralidad. En todos sus escritos el Rebe Najmán siempre alienta y nunca reprende. Incluso a la persona que se siente tan hundida en sus pecados al punto en que imagina que nunca podrá volver a levantarse, el Rebe Najmán le asegura, "Siempre hay esperanza. Cada día tienes el poder de comenzar de nuevo".

El Rebe Najmán le habla a todo aquel que busca respuestas. Oigamos qué es lo que tiene que decir.

IDEAS BÁSICAS DE BRESLOV

EL JUDAÍSMO TIENE UNA RAÍZ: la Torá. La raíz tiene su propia Raíz, que es Dios. Es lógico entonces que dado que es una Torá la que proviene del Dios Único, no debería haber variaciones en ella - o al menos no demasiadas. Aun así, hasta una mirada superficial sobre aquellos que estudian la Torá encuentra muchos senderos, muchas interpretaciones y muchas aproximaciones. Pero todas las enseñanzas de Torá tienen por objetivo declarar que "Dios es Uno". ¿Qué es lo que hace que un grupo de enseñanzas sea más poderoso que otro?

Dijo cierta vez el Rebe Najmán, "Los estoy llevando por un nuevo sendero que es en realidad muy antiguo" (*Tzadik* #392). El Rebe era un pensador muy creativo capaz de ver todo en términos de Divinidad y al mismo tiempo, desde el punto de vista del ser humano. Utilizando como punto de partida las obras básicas del judaísmo -la Torá, la Mishná, el Talmud, el *Shuljan Aruj*, el *Zohar* y la Kabalá- el Rebe trazó nuevos senderos para el hombre moderno en su búsqueda de plenitud física, emocional y espiritual en este mundo.

Esta sección delinea los bien conocidos conceptos del Rebe tales como la libertad de elección, la fe y la verdad, encontrando alegría y paz y cómo efectuar un *tikún* (rectificación) para los errores que hemos cometido. También habla sobre la importancia de encontrar al Tzadik, el líder que todos necesitamos - después de todo, fue Moshé quien sacó a los judíos de la esclavitud en Egipto y el rey David quien forjó a la nación judía como una unidad y como una nación líder de su época. El líder es un conductor, uno que actúa para guiar, no es un seguidor.

Cada tópico concluye con una nota personal, ofreciendo ideas y consejos prácticos para incorporar las enseñanzas del Rebe Najmán en nuestras propias vidas.

6

¿QUÉ ES LA LIBERTAD DE ELECCIÓN?

Alguien le preguntó cierta vez al Rebe Najmán, "¿Cuál es la idea de la libertad de elección?".

"Es muy sencillo", respondió el Rebe Najmán. "Si lo deseas, lo haces. Si no lo deseas, no lo haces".

Agrega el rabí Natán: "He registrado esto debido a que es muy necesario que la gente lo sepa. Mucha gente se siente confundida debido a que ha llegado a acostumbrarse a sus acciones, llevando muchos años sumergida en sus hábitos y ahora le da la sensación de que no tiene libertad para elegir y que ya no puede controlar su comportamiento. Pero la verdad es que no es así. Cada persona tiene siempre libertad para elegir en todas las cosas. Cada uno actúa de la manera en que lo desea. Comprende muy bien esto" (Likutey Moharán II, 110).

¿QUÉ ES LA LIBERTAD DE ELECCIÓN? Es la capacidad de elegir hacer aquello que uno desea, cada vez que lo desea, en cualquier clase de situación. Sabiendo que uno tiene ese poder es posible tomar cualquier idea o sugerencia que se oiga y aplicarla en el propio beneficio. Como el rabí Natán explica, la libertad de elección es el poder más asombroso de toda la creación (*Likutey Halajot, Birkot HaShajar* 5:74).

"¿Y qué hay de asombroso en todo esto?", podrías preguntar. Bueno, considera que eres un rey, un gobernante o incluso un líder elegido democráticamente. Por supuesto que querrías que la gente te siguiera e hiciera aquello que piensas que es mejor para la nación que gobiernas. En ese caso, ¿le darías a alguien y ni hablar de a *todos*, el poder de elegir rebelarse en tu contra?

¡Pero eso es exactamente lo que Dios hizo cuando creó el mundo! Le otorgó *daat* (intelecto) al hombre dándole varios mandamientos para obedecer - sin ningún policía espiritual que lo controlase. ¡Se nos permite hacer lo que queramos! Éste es el increíble poder de la libertad de elección.

Como con todos los aspectos de la Creación, la Kabalá nos presenta una descripción más profunda de cómo surgió la libertad de elección. A partir de esto el Rebe Najmán explica cómo podemos aplicarla a nuestras vidas diarias. El gran Kabalista rabí Itzjak Luria (conocido como el Ari) describe el modo en que Dios trajo el mundo a la existencia:

> Antes que todas las cosas fueran creadas... la Luz Superior era completa y perfecta. Llenaba toda la existencia. No había espacio vacío, dado que todo estaba lleno de la Luz del Infinito. No había categoría de comienzo ni categoría de final. Cuando se elevó en la Voluntad de Dios crear mundos... Él retrajo Su Esencia Infinita desde el mismo punto central de Su Luz. Luego retiró más aún esa Luz alejándola hacia las extremidades alrededor del punto central, dejando un Espacio Vacío. Luego de esa constricción quedó un *lugar* para todas las cosas que iban a ser creadas. Dios entonces hizo penetrar un *Kav* (rayo) único y directo desde Su Luz Infinita dentro del Espacio Vacío... A través de ese *Kav*, la luz de Dios desciende y fluye hacia los universos que están ubicados dentro de ese Espacio (*Etz Jaim, Drush Igulim ve-Iosher* 1:2).

¿QUÉ ES LA LIBERTAD DE ELECCIÓN?

Aprendemos de esta enseñanza que Dios está oculto -Él se retiró, si así pudiera decirse, del Espacio Vacío- aun así hizo penetrar en el Espacio Vacío un rayo de Su Luz Infinita que utiliza para sustentar a todos los universos, a toda la humanidad y a todos los otros niveles de este mundo material, animal, vegetal y mineral.

El ocultamiento de Dios es lo que permite la libertad de elección. Si Dios estuviese manifiesto en el Espacio Vacío el hombre no tendría opción en cuanto a lo que debe hacer. Estando en presencia de Dios en todo momento, se vería forzado a servirlo. Esa clase de servicio sería robótico. Pero Dios quiso que el hombre tuviera libertad de elección, que usase su intelecto para guiarse y guiar su vida en el sendero que fuera bueno y productivo. Por lo tanto Dios se retiró, si así pudiera decirse, y el universo en el cual vivimos parece entonces vacío de Divinidad. No somos robots, no somos clones - somos individuos pensantes con libertad para hacer lo que queramos.

De modo que "¡Adelante! ¡Usa tu libertad de elección y haz lo que quieras!". Pero, por otro lado, como hemos visto, Dios hizo entrar un Rayo proveniente de Su Luz Infinita que sustenta a toda la creación dentro del Espacio Vacío. Él está aquí, presente en todo momento. De modo que nuevamente, "¡Adelante! ¡Utiliza tu libertad de elección, pues tú *puedes* buscar a Dios y *puedes* encontrarlo!".

El espacio vacío -el mundo tal cual lo conocemos- es una paradoja. Dios no está aquí, pues de otra manera nos veríamos forzados a servirlo. Pero Dios *debe* estar aquí, pues de otra manera ¿qué sustenta al universo? ¡Pero Él no puede está aquí! ¡Pero Él debe estar aquí! ¡Pero Él no puede estar aquí! ¡Pero Él debe estar aquí!

Esta paradoja es lo que le otorga al hombre la libertad de elección. Dios está oculto pero aun así Él creó al hombre con una mente y le otorgó intelecto. El hombre puede elegir entre buscar a Dios o negarlo, o incluso rebelarse en Su contra. Dios está, por supuesto, aquí. Como el Rebe Najmán dijo, "Dios está siempre contigo. ¡Él está cerca de ti! ¡Está a tu lado! ¡No temas!" (*Siaj Sarfei Kodesh* III, #661). Pero se mantiene oculto. Si Lo buscamos podemos encontrarlo, porque siempre está cerca, junto a nosotros, en verdad esperando a que nos volvamos a Él. Y cuando buscamos, encontramos: Dios se nos revela.

Pero incluso cuando Dios se revela, aun así el hombre sigue teniendo libertad de elección, pues en esencia, Dios aún está oculto de nosotros. Dado que Dios es Infinito, hay niveles tras niveles de Divinidad que esperan ser descubiertos. Cuando la persona utiliza su libertad de elección en la dirección de buscar a Dios, los niveles se abren uno a uno y la persona se encuentra acercándose cada vez más a Dios.

¿QUÉ SIGNIFICA ESTO PARA MÍ?

La mayor parte de la gente cree que es una criatura de hábito, pero el Rebe Najmán nos dice que no necesitamos ser esclavos de nuestros impulsos. *Podemos* responder de manera diferente. Podemos ejercitar la disciplina. El Rebe Najmán asemeja el autocontrol a un jinete sobre un caballo que se ha salido del sendero. Todo lo que debe hacer es aferrar las riendas y hacerlo volver al camino (*Likutey Moharán* II, 50). Mientras mantengamos una vida simple, podremos tener control sobre muchas facetas de nuestras vidas.

Si no estoy contento con mi trabajo o tengo problemas en el matrimonio, ¿acaso debo irme? ¿Has visto algún equipo deportivo abandonar el campo a mitad del juego cuando los tantos están en su contra? Obviamente no. Si el abandonar fuese nuestra reacción cada vez que sentimos dificultades, no sólo *nosotros* estaríamos en problemas sino que el mundo entero se caería en pedazos si todos actuasen de manera tan irresponsable. No podemos huir simplemente de cada problema, de modo que ¿realmente tenemos "libertad" de elección? La respuesta es, "¡Sí!".

Nuestros Sabios aconsejaron: Toda persona debe decir, "El mundo fue creado para mí" (*Sanedrín* 37a). ¿Qué significa esto? Quiere decir que cada persona es importante - y en especial tú. Es verdad. Tú estás primero. El mundo fue creado para ti. Ahora bien, como el Rebe Najmán explica, este privilegio implica responsabilidad. Debido a que el mundo fue creado para ti, debes ocuparte de su rectificación. Tú eres responsable del mundo (*Likutey Moharán* I, 5:1). En cualquier momento y en todo momento puedes elegir hacer aquello que quieras hacer. Sólo se trata de actuar de manera responsable. Es así de simple.

En lugar de decirte, "No puedo", debes decirte, "Yo puedo". En un instante tanto tú como yo y cada uno de los demás puede dar vuelta su vida. O al menos comenzar a transformarla. Y cuando apliquemos esta idea de "Yo puedo" al trabajo, a nuestros estudios y a cualquiera de nuestros hábitos, veremos que ciertamente podremos controlar nuestros pensamientos, aunque sea durante breves momentos. Podemos tomar el control de nuestras mentes y centrarnos. Podemos mantenernos firmes en nuestra resolución.

Una de las ideas más agudas del Rebe Najmán es que la persona debe aprender a vivir en el presente: "¡Hoy!" (*Likutey Moharán* I, 272). Al vivir el presente no tenemos que sufrir la carga de las devociones y los compromisos a largo plazo. De lo único que debemos ocuparnos es de nuestros esfuerzos para "Hoy". Concentrarse en el corto plazo es más fácil; ser responsables durante un tiempo limitado es más llevadero.

Es realmente muy simple, aunque en verdad no es simple en absoluto. Muchos factores deben estar incluidos - cuán fuerte es tu resolución de elegir el sendero correcto y cuán fuerte es tu capacidad para seguirlo pese a los desafíos que parecen abrumadores. Pero cuando sabes y comprendes que ésa es *tu* elección, que surge de tu libertad de elección y que determina lo que sucede en tu vida, entonces tienes un fundamento sólido para enfrentar y superar las vicisitudes de la vida.

Y es de mucha ayuda recordar lo que dijo el Rebe Najmán: "Todo lo que ves en el mundo, todo lo que ha sido creado, todo es en aras de la libertad de elección del hombre" (*Tzadik* #519).

7

¿QUÉ ES LA SIMPLEZA?

Antes de fallecer se escuchó que el rabí Natán suspiraba profundamente. Cuando se le preguntó por qué suspiraba, respondió, "Yo oré lo mejor que pude, estudié lo que sentía que podía, llevé a cabo mis otras devociones de la mejor manera posible. Suspiro porque ¡no sé si cumplí como debía con la directiva del Rebe Najmán de la simpleza!" (Tradición oral).

DE LAS ENSEÑANZAS más importantes del Rebe Najmán la simpleza es probablemente la menos comprendida. Y aun así tiene un tremendo impacto sobre la manera en cómo vivimos nuestras vidas.

Cierta vez, al hablar sobre Dios, el Rebe Najmán dijo que Dios es muy complejo - pero que realmente es muy, muy simple (*Sabiduría y Enseñanzas del Rabí Najmán de Breslov* #101). Como sabemos a partir del *Shemá*, Dios es Uno, totalmente único. En todo número superior al uno encontraremos complejidad. Pero cuando tratamos con el uno simple no hay duplicidad y no existe el conflicto. El Rebe Najmán explica que si aprendemos a simplificar nuestras vidas podemos experimentar más serenidad y tranquilidad.

Si se nos pidiera describir a una persona "simple", es posible que se responda con una descripción negativa, la imagen de alguien que es lento, tonto o incluso imbécil. Decir que algo es "simple" conjura la imagen del lugar común y carente de importancia. Esto no es en absoluto lo que el Rebe tenía en mente. En su lugar, tomaba el significado que da la Torá de la palabra "simple", como cuando nuestro patriarca Iaacov es descrito como un *tam*, como un hombre simple (Génesis 25:27). Un *tam* es alguien modesto, sincero y recto. Que carece de astucia y evita razonamientos tortuosos. La simplicidad implica plenitud y singularidad, sugiere libertad de toda mezcla y complicación, denotando algo puro y no adulterado.

Hoy en día lograr la simpleza puede ser tan evasivo como definirla. La ostentación y el brillo de las nuevas modas y de los productos de diseño nos impiden apreciar y considerar aquello que no está adulterado. Es muy común que dejemos que la imaginación domine nuestra perspectiva de la realidad, alejándonos de lo genuino y sincero, lejos de la verdad directa y simple.

La simpleza significa claridad. "Hago una cosa por vez. Nada me obliga a ser un superhombre". Todos podemos centrarnos en una tarea que requiera nuestra inmediata atención y hacer lo que sea necesario de la mejor manera y mucho más rápido que si nos dedicamos a varias cosas a la vez.

Hoy en día muchos psicólogos y terapeutas aconsejan a sus clientes el llevar una vida simple. En lugar de vivir en enormes casas que cuesta una fortuna calefaccionar o comprar cargamentos de ropas y utensilios que llenan nuestros armarios y que casi nunca se usan, sugieren que compremos menos, que utilicemos menos, ahorrando dinero, espacio, el medio ambiente y todo lo demás. ¿Por qué necesitamos tantos teléfonos celulares, MP3, buscadores y la enorme panoplia de equipamiento electrónico simplemente para mantenernos en contacto con los Goldbergs y los

Schwartzes? Es verdad, esos adminículos facilitan nuestras vidas pero ¿a qué costo?

Una importante aclaración: La simpleza no significa creer todo aquello que alguien dice y caer tontamente víctima de la deshonestidad y la mentira. Ello sería credulidad y no simpleza. Nuestros Sabios nos advirtieron sobre esto: Respeta, pero sospecha de todo aquello con lo cual no estés familiarizado (cf. *Derej Eretz Zuta* 5). El Rebe Najmán nos advierte específicamente que debemos ser muy cuidadosos en temas financieros (ver *Likutey Moharán* I, 69; *Sabiduría y Enseñanzas del Rabí Najmán de Breslov* #50). Mientras que la persona simple mantiene su mente abierta sin formarse una opinión inmediata ni tratar de imaginar los "verdaderos" motivos de las otras personas, no va a suscribir crédulamente al último consejo, moda, inversión o novedad que se le presente. Aunque si bien el aceptar las cosas como se presentan puede abrirnos a influencias dudosas y posiblemente dañinas, el rabí Natán cita un proverbio del rey Salomón, "Aquel que siga el sendero de la simpleza andará con seguridad" (Proverbios 10:9).

La regla es: Acepta, pero ten cuidado. Para parafrasear al rabí Eliahu Jaim Rosen, mi *Rosh Ieshivá*: "Es un placer tratar con las personas. Son confiables, son honestas, son decentes. ¡Pero recuerda siempre de contar el vuelto!".

¿QUÉ SIGNIFICA ESTO PARA MÍ?

Al final de su cuento, "Los Niños Cambiados" (*Los Cuentos del Rabí Najmán* #11), el Rebe Najmán cuenta de un príncipe que enfrenta el desafío de resolver el misterio de un cierto trono. Cerca del trono había animales y pájaros tallados en madera, una cama, una mesa, una lámpara y una silla. Teniendo el don de comprender una cosa a partir de otra, el príncipe se dio cuenta que el trono era un símbolo de paz - pero sólo si todo estaba en su lugar apropiado. Comenzó a mover las cosas, este objeto un poco, aquel objeto otro poco, hasta que todo estuvo en su lugar. Entonces emergieron del trono las melodías más armoniosas y dulces.

Éste es el sendero de la simpleza: Todo en su lugar, todo en su propio tiempo. En lugar de los senderos intrincados y especulativos que la gente suele elegir, trata de buscar la solución más simple. De esta manera cambiarás el conflicto interior por un sendero simple y singular que no tiene diversidad y que por lo tanto tiene poco o nada para distraerte. De esa manera podrás mantenerte centrado en tus objetivos.

El Rebe Najmán era conocido por el hecho de que nunca forzaba un tema pretendiendo que éste debía de ser hecho inmediatamente o de determinada manera (ver *Tzadik* #430-435). Esto último nunca funciona (y también aleja a los demás). El acercamiento simple *sí* funciona. Nunca tendrá éxito el tratar de perder cinco kilos en un día, sino poco a poco, un gramo tras otro hasta obtener nuestro objetivo. Nunca funciona tratar de ahorrar mucho dinero en un periodo muy corto sino ahorrar un poco por vez -especialmente con los intereses compuestos- y así podremos sumar una gran cantidad de dinero. Al igual que el príncipe, debemos dar pasos pequeños y efectivos. Los resultados son la armonía interior, la paz en el hogar y el acuerdo con nuestros amigos, vecinos y compañeros de trabajo.

La simpleza también significa desmenuzar nuestros objetivos en porciones manejables. Por ejemplo, la persona que desea estudiar todo el Talmud ha elegido un objetivo importante, pero ello no puede ser hecho en un solo día. Requiere simplificar la tarea, una página por vez. "Eso es todo lo que necesito". Limpiar la casa para la festividad de Pesaj es, hoy en día, una tremenda tarea. Pero puede lograrse, una habitación por vez. Lo mismo se aplica al aprendizaje de nuevas habilidades, a la construcción de una relación y a todo lo demás que uno aspire.

Al seguir el sendero simple, verás que ello influye en tu capacidad para el pensamiento positivo. "Después de todo, yo *puedo* hacer esto, no es tan complicado ni difícil". Si no estoy abrumado por el peso de pagar una hipoteca exorbitante, porque no me endeudé buscando lo "mejor" o lo que está más "de moda" (lo mismo se aplica a comprar un auto, muebles, equipamiento y demás), entonces puedo respirar con más facilidad. Puedo concentrarme. Puedo centrarme. Tengo más tiempo y energía para las cosas importantes.

Con simpleza tenemos la libertad de lograr mucho más de lo que podríamos imaginar.

8

¿QUÉ ES LA ALEGRÍA?

Enseña el Rebe Najmán: Es una gran mitzvá estar siempre alegres.

Fortalécete y aleja toda depresión y tristeza. Todos tienen muchos problemas y es naturaleza del hombre el ser atraído por la tristeza. Para escapar de esas dificultades trae siempre alegría a tu vida - aunque debas recurrir a la tontera (Likutey Moharán II, 24).

ES POSIBLE QUE pienses que el hecho de que se te diga que debes estar alegre sea superfluo. ¿Quién no lo sabe? ¿Es realmente necesario convencer, urgir y alentar a la gente a estar alegre? Ello es un deseo natural y no uno sobre lo cual se deba trabajar. ¿O sí?

"La verdadera alegría es lo más difícil de todo", insiste el Rebe Najmán. "Debes *esforzarte* por estar alegre todo el tiempo" (Consejo, Alegría 35).

Ciertamente la vida nos da suficientes excusas para estar preocupados. ¿*Cómo* haré para pagar la cuota de la escuela? ¿*Qué* dices que le sucedió al auto? ¿A *quién* dijiste que traías a cenar esta noche? Y ni siquiera estamos mencionando los temas de salud. La lista es interminable. Tus alternativas: la alegría o la depresión.

Sin embargo, la depresión es tu peor enemigo. El Rebe Najmán compara la depresión con la mordida de la serpiente (*Likutey Moharán* I, 189). Así como la serpiente ataca de improviso, lo mismo la depresión. De pronto golpea y tú te quedas preguntándote cómo podrás volver a estar alegre. Mi *Rosh Ieshivá*, el rabí Eliahu Jaim Rosen, solía decir, "La gente piensa que las dificultades son algo inesperado en la vida. Se sorprenden cuando los problemas atacan y llega la tristeza. Pero aunque uno pudiera vivir mil años, aún habría muchos problemas esperándonos. Cuando un problema se va de seguro que viene otro. Éste es un axioma de la vida".

Es un ciclo. A veces sucede lo inesperado y nos quedamos anonadados. La melancolía y la depresión, aunque todavía leves, están en el horizonte. Nos volvemos menos tolerantes ante lo que pueda suceder. Naturalmente anticipamos que todo irá mal. ¡Y así sucede! Al mismo tiempo nos enfadamos, experimentamos mayores fracasos, nos deprimimos mucho más y nos sentimos más descorazonados y apáticos. La serpiente de la tristeza ha golpeado y su veneno ponzoñoso de la depresión comienza a difundirse, sin que seamos conscientes de lo que realmente sucedió.

Es interesante el hecho de que la depresión, la tristeza y el sufrimiento son en verdad ingredientes necesarios del mundo. Afirman nuestros Sabios, "Todo aquel que se lamente por Jerusalén tendrá una parte en su regocijo" (*Taanit* 30b). Sin experimentar tristeza y duelo, no hay manera de apreciar su opuesto. No tenemos nada con lo cual comparar nuestra alegría. Por lo tanto experimentamos el sufrimiento. Sólo entonces podemos conocer el verdadero sabor de la alegría. Y debido a que alguna tristeza y sufrimiento es necesaria, el

¿QUÉ ES LA ALEGRÍA?

Rebe Najmán nos urge a buscar la alegría. Debemos utilizar todas nuestras fuerzas para alcanzar la alegría, dado que sólo estando alegres tendremos la necesaria fe, coraje y fortaleza para enfrentar nuestras tristezas y pesadas cargas, superándolas.

¿QUÉ SIGNIFICA ESTO PARA MÍ?

La alegría te coloca en la buena senda para alcanzar cualquier objetivo que tengas. Por lo tanto el Rebe Najmán enfatiza la importancia de estar alegres en todo momento. Mientras que es fácil estar alegre cuando uno se siente bien y las cosas se desarrollan de manera armoniosa, ¿qué debes hacer cuando no te sientes contento y no hay nada por lo cual alegrarse? El Rebe Najmán ofrece estas sugerencias para volver al camino:

HAZ EL ESFUERZO. La importancia de la alegría es tan grande que debes hacer todos los esfuerzos posibles por estar alegre. Esto puede compararse a un grupo de gente que está bailando en una ronda mientras que una persona triste contempla desde afuera. Ellos se acercan a ella y la arrastran a la ronda, dejando su depresión de lado. Sin embargo, cuando el recién llegado deja de bailar, su depresión vuelve. Aunque los pocos minutos de alegría son muy valiosos, aun así sería mejor hacer que la depresión misma entrara al círculo de alegría y se quedara allí (*Likutey Moharán* II, 23). Hacer el esfuerzo de ser feliz transformará finalmente la causa de tu tristeza en una real fuente de alegría.

Alguien le preguntó cierta vez al rabí Natán cómo podía estar alegre cuando tenía tantos problemas y dificultades. El rabí Natán le respondió, "¡Toma prestada la alegría!" (*Siaj Sarfei Kodesh* 1-736). Cuando se trata de dinero, raramente dudamos en tomar prestado en base a nuestras futuras entradas. Bueno, la tristeza hace que la persona sienta que algo le falta. Lo que hay que hacer, como aconseja el rabí Natán, es tomar prestado lo que sea que uno piense que lo hace feliz. Por otro lado, hay una gran diferencia entre deber dinero y deber alegría. Cuando el dinero es devuelto, duele un poco. Pero con la alegría, cuando la devolvemos, tenemos otra vez alegría. ¡Forzar la alegría y la felicidad de hecho paga fantásticos dividendos!

SIMULA LA ALEGRÍA. Aunque no te sientas alegre, puedes simularlo. Pretende y simula estar feliz. ¿Quién dice que aunque te sientas deprimido no puedas sonreír? Normalmente simulamos una sonrisa cuando tratamos de ser corteses, ¿por qué no ahora? Trata. Una sonrisa, incluso una pequeña sonrisa, es contagiosa. No sólo hará felices a los demás cuando te devuelvan la sonrisa sino que, tal como demuestran los estudios, la sonrisa libera tensiones y realmente hace que uno contemple la vida de manera positiva (cf. *Sabiduría y Enseñanzas del Rabí Najmán de Breslov* #43).

RECUERDA TUS PUNTOS BUENOS. Otra manera de acceder a la alegría cuando se está deprimido es reconocer que uno tiene al menos algún punto bueno. Y aunque no puedas encontrar nada bueno en ti, aún tienes algo por lo cual alegrarte: "¡Soy judío!" (*Likutey Moharán* II, 10). Simplemente alégrate de que puedas sentir orgullo y regocijo por tu herencia, que ni siquiera depende de ti, sino de un regalo de Dios (más sobre este tema en el Capítulo 11, "¿Qué son los Puntos Buenos?").

CANTA, HAZ MÚSICA Y BAILA. La música aclara la mente y nos da alegría. La música tiene el poder de ayudarnos a abrir el corazón delante de Dios. También tiene el poder de aguzar nuestra memoria y permitirnos concentrar en nuestros objetivos (*Consejo*, Alegría 14-15). Por ello el Rebe Najmán dice que es una muy buena costumbre inspirarnos con una melodía. Las raíces de la música y de la canción son muy exaltadas y pueden despertar nuestros corazones

¿QUÉ ES LA ALEGRÍA?

y elevar nuestro espíritu (cf. *Sabiduría y Enseñanzas del Rabí Najmán de Breslov* #273).

El Rebe también habla sobre el poder especial que tienen el bailar y el aplaudir para generar alegría y mitigar las cosas negativas que nos afectan (*Likutey Moharán* I, 169). Es costumbre en toda sinagoga de Breslov bailar todos los días después de las plegarias de la mañana y de la noche. Muchos jasidim de Breslov bailan después de una sesión de estudio y a veces incluso diariamente en sus propios hogares. Es una manera segura de despertar sentimientos de alegría y felicidad.

HAZ ALGO TONTO. Al hablar sobre hacer todos los esfuerzos posibles por estar alegres, el Rebe Najmán dijo que esto incluía recurrir al hecho de actuar de manera tonta. El precio que uno paga por una pequeña tontera es mucho menor que el precio de la depresión y de la apatía.

Repitiendo el mensaje que se encuentra en el Capítulo 6 sobre la libertad de elección: Hay alegría y hay depresión. ¿Qué sendero debo elegir? El Rebe Najmán dice que ello depende de cómo te veas a ti mismo. Si encuentras lo bueno, entonces tienes buenos pensamientos, las cosas son positivas y puedes estar alegre. Lo opuesto también es verdad. De modo que elige la alegría.

Reb Abraham Jazán comentó, "Si el Rebe Najmán enseñó que es una gran mitzvá estar siempre alegres, entonces ¡debemos creer que realmente hay algo sobre lo cual estar alegres!" (*Rabí Eliahu Jaim Rosen*).

9

¿QUÉ ES LA PAZ?

Hay paz que carece de boca. Y hay paz que tiene una boca
(Likutey Moharán I, 57:8).

LA PAZ ES UNA de aquellas cosas que todos desean y poca gente en verdad experimenta. Todos queremos la paz mundial, la paz en el Medio Oriente, la paz en el hogar y la paz entre hermanos. Todos desean una vida pacífica. ¿Quién necesita enemistad, engaño o malas jugadas? Pero invariablemente la vida trata más de guerra que de paz. ¿Por qué nos peleamos y los conflictos surgen tan rápidamente?

El Rebe Najmán explica que todo comienza con el individuo. Si carecemos de paz interior, el mundo entero está fragmentado. Si tenemos paz interior, entonces la tranquilidad y la armonía se difunden por el mundo.

¿Cómo funciona esto? El Rebe explica que todos los conflictos son idénticos. Podemos pensar que nuestros vecinos no se hablan entre sí porque uno desairó al otro o que dos naciones disputan debido a un trozo de tierra. Pero en realidad, todos los conflictos surgen de los rasgos diferentes y opuestos de la gente. Como explica el Rebe Najmán:

> Las disputas dentro de una familia son contraparte de

las guerras entre las naciones. Cada persona en su hogar es la contraparte de un poder mundial y sus disputas son las guerras entre esos poderes. Los rasgos de cada nación también se reflejan en estos individuos. Algunas naciones son conocidas por la ira, otras por la sed de sangre. Cada una tiene su rasgo particular. En cada hogar se encuentran las contrapartes de esos rasgos.

Es posible que quieras vivir en paz. No tienes deseo alguno de conflictos. Aun así, te ves forzado a entrar en una disputa o en una contienda. Sucede lo mismo con las naciones. Una nación puede querer la paz y hacer muchas concesiones para lograrla. Pero no importa cuánto trate de mantenerse neutral, aun así podrá quedar atrapada por la guerra. Dos lados opuestos pueden demandarle una alianza hasta verse arrastrada a la guerra en contra de su voluntad. Lo mismo sucede en el hogar.

Ello se debe a que el hombre es un mundo en miniatura (*Zohar* III, 33b; *Tikuney Zohar* #69, 100b). Su esencia contiene el mundo y todo lo que hay en él. El hombre y su familia contienen a las naciones del mundo, incluyendo todas sus batallas (*Sabiduría y Enseñanzas del Rabí Najmán de Breslov #77*).

Es peor aún para la persona que vive sola. El Rebe Najmán dice que un hombre que vive aislado puede enloquecer debido al efecto de todas las naciones en conflicto en su interior. Mientras que alguien que vive con la familia y con los amigos puede expresar la batalla de las naciones a través de sus interacciones con la otra gente, aquel que vive solo debe jugar el papel de todas las naciones. Cada vez que una nación sale victoriosa debe cambiar su personalidad, lo que la vuelve loca.

Ahora podemos comprender por qué la guerra es la norma. Nuestras diferentes personalidades llevan naturalmente al conflicto y eso crea fricciones tanto entre la gente con la cual vivimos como con la gente a la que nunca hemos visto. Sin embargo, si el hombre es un microcosmos del mundo, lo opuesto también es verdad. Y lo es. ¡Si cada uno de nosotros puede alcanzar la paz interior, podemos traer la paz al mundo en su totalidad!

• • •

EL REBE NAJMÁN ENSEÑÓ ADEMÁS que hay dos clases de paz. "La paz que carece de boca" es un alto el fuego. Está tranquilo, está quieto, no hay disparos de armas de fuego (o de la boca) ni ataques a la gente. Pero no es una situación muy confortable. Aunque la gente no esté involucrada en un combate efectivo aún puede albergar sentimientos bastante malos sobre los demás; y la falta de comunicación puede llevar a grandes quiebres de la paz. La clase óptima de paz es "la paz que tiene una boca". Entonces hay diálogo, se alcanzan compromisos, las naciones se unen y la gente incluso celebra en conjunto.

La palabra hebrea para paz, *ShaLoM* (שלם), proviene de la misma raíz que la palabra *ShLeiMut* (שלמות), "plenitud" o "perfección". La paz implica unidad, donde todos y cada cosa están juntos como uno. Si nos concentramos en la unidad, podemos ser todo lo diferentes que queramos, pues hay paz (ver *Likutey Halajot, Priká uTeiná* 4:23).

¿QUÉ SIGNIFICA ESTO PARA MÍ?

La paz interior es algo verdaderamente notable. La persona que está contenta consigo misma y que se siente bien en cualquier situación en que se encuentre puede lograr tremendas cosas durante la vida. Examina simplemente a la persona que está contenta consigo misma: ella emana autoconfianza, es un pilar de fortaleza y emerge como un mar de tranquilidad en medio del tumulto que la rodea. Debido a que busca evitar situaciones conflictivas, aunque pudiera parecer que ello va en su detrimento, emerge indemne de cada situación. Ya que irradia esa paz interior, influenciando a los que están a su alrededor, finalmente puede difundir esa paz a lo largo y a lo ancho.

¿Cómo podemos adquirir paz interior?

El Talmud relata que Raban Gamliel vio cierta vez un barco que se hundía con todos sus pasajeros, entre ellos el rabí Akiba. Poco tiempo después el rabí Akiba se presentó delante del Raban Gamliel quien quedó muy sorprendido de verlo. Raban Gamliel le preguntó, "¿Cómo pudiste sobrevivir?". El rabí Akiba respondió, "Encontré un bloque de madera y me aferré a él con fuerza. Y ante cada ola que caía sobre mí simplemente bajaba la cabeza".

Mi *Rosh Ieshivá*, el rabí Eliahu Jaim Rosen, solía contar esta historia y explicar que un bloque de madera representa el silencio. Nos encontramos en el mar de la vida y avanzamos con dificultad debido a todas las olas que nos abruman. El truco para sobrevivir es actuar como un bloque de madera que está en silencio - no responder a ningún insulto ni comentario degradante. Además, debemos aprender a "bajar la cabeza" delante de cada ola - esto nos ayudará a pasar por debajo del radar de las guerras y las situaciones no queridas. Entonces, cuando las olas hayan pasado (como siempre lo hacen) podremos levantar nuestras cabezas y seguir adelante.

Éste es un maravilloso consejo sobre cómo alcanzar la paz interior. Cuando nos lanzamos de frente hacia una situación combativa, en general nos exponemos al daño. Pero si "esquivamos los golpes" y evitamos entrar en discusiones, podemos emerger indemnes o con el mínimo rasguño.

El Rebe Najmán agrega que ciertas prácticas judías son especialmente útiles para alcanzar la paz interior y promover la paz en el mundo. Éstas son:

- Dar caridad

- Estudiar *halajá* (los códigos de leyes judías)
- Cuidar la pureza moral
- Aumentar el temor al Cielo

La paz más elevada es la paz entre los opuestos. Tú sabes bien de qué clase de personas estamos hablando - con el solo hecho de que te mire sientes urticaria en la piel. La próxima vez que encuentres a alguien que te ponga incómodo, trata de pensar maneras en las que ambos podrían congeniar. Le estarás haciendo un gran servicio a tu propia paz interior y a la paz del mundo en general. Cuando pases por alto los errores de las personas y busques el bien en ellas, estarás en paz con todos.

10

¿QUÉ ES EL SUFRIMIENTO?

Si a una persona le preguntan cómo van las cosas y ésta responde que están bien, gracias a Dios, aunque las cosas en verdad sean muy difíciles, entonces Dios dice, "¿A esto llamas bien? ¡Ahora te demostraré lo que es el bien en realidad!" (Siaj Sarfei Kodesh I-32).

A VECES LA VIDA parece un continuo desfile de problemas para resolver y de obstáculos para superar. Así sean dificultades personales, comunales o nacionales, parece como que no hay forma de escapar de ellas. Ocasionalmente su tremenda cantidad o peso hacen que la persona pierda la fe. ¿Por qué Dios nos envía dificultades?

Muchos filósofos han reflexionado sobre este enigma: ¿Cómo es que un Dios amoroso puede infligirle sufrimiento a Sus criaturas? O, como preguntó un rabí, "¿Por qué hay cosas malas que le suceden a la gente buena?".

En el pensamiento judío las dificultades e infortunios no son "malos" o castigos, sino desafíos. El desafío es el vehículo principal para probar nuestra fortaleza y comprobar de qué estamos hechos realmente. En el campo de la salud y de los ejercicios físicos todos saben que "Sin dolor no hay ganancia". Si no transpiras un poco al ejercitarte, forzándote a hacer un poco más de lo que hiciste ayer, nunca alcanzarás un buen estado. De manera similar, si Dios no nos pusiera en situaciones difíciles -o incluso en situaciones opresivas y agobiantes- nunca podríamos desarrollar nuestros músculos espirituales y reconocer qué somos capaces de lograr.

Las dificultades también llevan a la persona a clamar por alivio - que es exactamente lo que Dios está esperando. Dios desea una relación personal con cada uno de nosotros y la ecuación no puede quedar simplemente de un solo lado, con Dios dando y dando y nosotros tomando una y otra vez. Cuando Dios nos da algo para llorar y lloramos delante de Él, llevamos nuestra relación al nivel siguiente.

¿Cómo podemos estar seguros de que es en realidad Dios Quien está detrás de nuestras dificultades? De seguro parece que es el molesto vecino de abajo que no nos deja dormir durante toda la noche con su horrible música, o ese confabulador compañero de trabajo que una y otra vez reporta nuestros errores al jefe con la esperanza de que nos despidan y ser promovido. ¿Dónde está Dios en la ecuación?

Cierta vez un joven se estaba quejando de su vida. Había nacido en un lugar de Kansas y había tenido una educación no judía en las escuelas públicas hasta que a los 25 años descubrió sus raíces judías. "¿Qué sucedió con los 25 años de mi vida que perdí?", preguntó. Yo le respondí, "¿Quién puso tu alma en Kansas? Fue Dios Quien te puso allí, sabiendo de antemano cómo ibas a crecer. Tu vida comienza cuando reconoces a Dios y reconoces que Él es el Gran Maestro de Ajedrez por excelencia que nos mueve (las piezas) por el tablero". Lo mismo sucede con todos nosotros. Cuando estemos listos para aceptar que Dios está detrás de los malos tiempos al igual que de los buenos, entonces podremos ver que nuestras experiencias de vida conforman un asombroso patrón, haciéndonos conscientes de que hay Alguien detrás de todos los problemas (y éxitos) en nuestras vidas.

¿QUÉ ES EL SUFRIMIENTO?

El Rebe Najmán agrega una observación intrigante: ¡Incluso en medio del infortunio podemos ver evidencia de la bondad de Dios! *(Likutey Moharán* I, 195). En cada dificultad Dios nos ofrece una medida de alivio. Para un paciente de diálisis que debe ir tres veces por semana al hospital para cuatro largas horas de tratamiento ese alivio puede manifestarse en una enfermera que se ocupa de asegurarse de que tiene unas almohadas confortables y que su material favorito de lectura esté a su lado. Para muchos hijos afligidos de duelo por sus padres, ese alivio es el conocimiento de que "hicimos lo que pudimos" y que el sufrimiento de sus padres no fue una extendida batalla durante innumerables años o que su dolor se mantuvo en el mínimo. Incluso si las cosas están muy, muy difíciles, sabemos que en verdad podrían estar peor. Este pensamiento puede otorgar un gran consuelo.

El rabí Natán sufrió una terrible oposición entre los años 1834-1838 cuando sirvió como líder *de facto* de los jasidim de Breslov después del fallecimiento del Rebe Najmán. A veces su vida corrió verdadero peligro. Como resultado de esa persecución el rabí Natán sufrió la pérdida de sus ingresos, el abuso personal, la cárcel y eventualmente tres años de exilio forzado. Pero aun así repetidamente les escribe en sus cartas a sus seguidores, "Aunque sufrimos, Dios siempre nos ha favorecido con Su bondad. Hemos merecido ver mucho por parte de Dios incluso en medio en nuestra terrible aflicción".

¿Qué es lo que el rabí Natán quiere decir con "Dios siempre nos ha favorecido con Su bondad"? Sus enemigos querían que fuese exilado a Siberia, pero fue exilado a una ciudad cercana. Sus oponentes trataron de evitar que difundiera los escritos del Rebe Najmán pero el rabí Natán pudo igualmente enseñar. Aunque sus perseguidores hicieron lo que pudieron para impedir que recibiese ayuda financiera, el rabí Natán fue ayudado por varios de sus seguidores y pudo continuar. Para cada instancia reconocía la bondad de Dios en su capacidad de sobrevivir pese a la oposición abrumadora.

Las dificultades son duras. Las dificultades son frustrantes. Pero las dificultades no deben ser un motivo para bajar las manos y desesperar de Dios - o de nosotros. Pues las dificultades no son más que un ascensor espiritual para llevarnos cada vez más alto.

¿QUÉ SIGNIFICA ESTO PARA MÍ?

Cada persona posee profundos reservorios de fortaleza interior a los cuales puede recurrir cuando la vida se vuelve difícil. ¿Cómo sabemos esto? La historia y las biografías están repletas de historias de gente común que se encontró con la espalda contra la pared, gente forzada a las peores situaciones que sin embargo se las ingenió para volver y sobrevivir. Esas personas tuvieron éxito porque no abandonaron cuando aparecieron las dificultades. Y tampoco debemos hacerlo nosotros.

Para el Rebe Najmán, uno de los momentos más difíciles de su vida fue dos meses antes de fallecer víctima de la tuberculosis. Durante tres años la enfermedad había arrasado y debilitado su cuerpo día tras día. En ese momento, cuando todo parecía oscuro y los ánimos ensombrecidos con la desesperación, emitió su famoso llamado: "¡No hay tal cosa como perder la esperanza!" "*¡Guevalt! Zait ij nit meiaesh!* - ¡*Guevalt!* ¡Nunca abandones!" (Ver *Likutey Moharán* II, 78:7).

El rabí Natán escribe que el Rebe Najmán dijo estas palabras con gran fuerza y con un profundo sentimiento, proclamando a todos el hecho de que nunca hay motivo para perder la esperanza. Siempre es posible encontrar al menos un rayo de la infinita bondad de Dios y experimentar un atisbo de Su infinita compasión. Siempre podrás encontrar a Dios cada vez que Lo busques.

¿QUÉ ES EL SUFRIMIENTO?

De modo que la próxima vez que te veas confrontado por las dificultades, grandes o pequeñas, recuerda el llamado del Rebe Najmán: "¡Nunca pierdas la esperanza! ¡Nunca abandones!". Cierra tus ojos, respira profundamente y considera tus opciones - porque en verdad las tienes. Di una plegaria a Dios para que te ayude a tener éxito en la situación en la cual Él te ha colocado. Incluso si todas las salidas parecen bloqueadas utiliza tu fuerza interior para superar situaciones que no puedas cambiar.

Nuestras almas son parte de Dios; es Su "aliento", si así pudiera decirse, el que nos insufla vida en todo momento. Ser consciente de que te encuentras en Presencia de Dios puede darte un empujón adicional en tiempos de necesidad e imbuirte de la fuerza necesaria para pasar adelante.

Esto es lo que el Rebe Najmán dijo, "Dios esta siempre contigo. ¡Él esta cerca tuyo! ¡Él está junto a ti! ¡No temas!" (*Siaj Sarfei Kodesh* III, #661).

11

¿QUÉ SON LOS PUNTOS BUENOS?

La manera de Dios es centrarse en el bien. Y aunque las cosas no estén tan bien, Él sólo mira el bien. ¿Cuánto más aún debemos nosotros evitar centrarnos en las faltas de los demás? Estamos obligados a buscar sólo el bien - siempre (Likutey Moharán II, 17).

MÁS QUE EN cualquier otra generación, el hombre del siglo XXI está abrumado por la falta de autoestima. Pese a todos nuestros logros en la ciencia y la tecnología, en un elevado estándar de vida y en una educación gratuita, la mayor parte de la gente no está contenta. Todos piensan que el próximo artefacto, que la próxima vacación o que el próximo proyecto de decoración de la casa hará la diferencia y que deben buscarlo... Pero aun así no están contentos. La depresión y el suicidio están en su pico más alto. ¿Hay una forma para salir de esto?

Sí, dice el Rebe Najmán. El hecho mismo de que estás vivo demuestra que eres muy importante. Dios te ama. Él te ama como si fueses Su único hijo. Tú eres la pupila de Su ojo. Enseñan nuestros Sabios, "Cada persona debe decir, 'El mundo fue creado para mí'" (Sanedrín 37a). Esto significa que yo soy el motivo por el cual Dios creó el mundo entero. Debo tener valor. Soy importante y puedo llegar a ser la buena persona que aspiro a ser.

En verdad tenemos el poder de elevarnos a nosotros y a los demás a una posición de verdadera importancia. En una de sus más importantes lecciones llamada *¡Azamra!* ("¡Cantaré!"), El Rebe Najmán explica que si buscamos el bien en los demás podemos elevar incluso a un pecador hacia el lado del mérito. ¿Como funciona esto? Significa buscar el más pequeño aspecto de bien que la persona haya llevado a cabo -así sea mantener la puerta abierta para que pase una persona anciana o dar una moneda para caridad- y luego buscar otro pequeño bien y así en más. Al continuar con ello podemos darle mérito a cualquiera - incluso a nosotros mismos.

La facultad del juicio es una de las herramientas más poderosas del hombre. Si realmente supiésemos cuán poderosa es seríamos mucho más cuidadosos en su uso. En otra instancia el Rebe Najmán enseña que juzgar a los demás puede destruir al mundo. Si la persona encuentra fallas en otra persona, ese juicio puede condenar al que condena (*Likutey Moharán* I, 3). ¡Piensa en ello! Tu evaluación, tu opinión y juicio de los demás tienen el poder de elevarte o de degradarte.

El problema es que la crítica surge muy fácilmente. Demasiado fácilmente. Siempre podemos encontrar fallas en lo que los otros hacen o dejan de hacer. O, como un amigo mío solía decir, "¡Si fuésemos tan rápidos para alabar y agradecer a nuestras esposas y otros miembros de la familia como lo somos para criticarlos cuando las cosas no se dan como esperábamos!". Si, al juzgar, encontramos los puntos buenos y nos centramos en lo positivo, podemos llevar al mundo entero hacia el lado del mérito y de la valía. Pero si encontramos fallas y nos centramos en lo negativo, podemos llevar al mundo entero hacia el lado del demérito y a la falta de valor. Es por ello que debemos tratar de buscar el bien en los demás incluso en la peor persona que conozcamos. Tal énfasis en los rasgos positivos afecta a cada persona, como enseña el Rebe Najmán, "Juzgar favorablemente eleva de hecho a la persona hacia el lado del mérito".

"¿Pero qué hay de nosotros mismos? Yo me conozco bien. Y créeme, no hay manera - ¡no hay manera!- que pueda decir con honestidad que yo también estoy bien". Demasiado seguido caemos duramente sobre nosotros. ¡Yo no soy bueno! ¡Eché todo a perder! ¡Mira lo que volví a hacer! ¡Qué idiota que soy! Y así en más. Nos enojamos en lugar de estar tranquilos. Nos agitamos en lugar de estar seguros y confiados. No es la mejor manera para sentirse contento ni para ir detrás de objetivos y logros.

Incluso personas que por fuera parecen tener autoconfianza y ser generalmente optimistas con respecto a ellas mismas, cuando se las presiona, admitirán que encuentran difícil juzgarse a sí mismas de manera favorable. Se conocen muy bien y, básicamente, su autoevaluación puede ser muy precisa. Sus buenas acciones pueden estar promovidas por motivos ulteriores y pensamientos impropios. Aun así dentro de su fallido comportamiento debe haber *algún* bien, algún aspecto positivo. Deben concentrarse en ese bien, encontrar otro y luego otro más - hasta que puedan elevarse hacia el lado del mérito.

¿QUÉ SIGNIFICA ESTO PARA MÍ?

Uno de los principales motivos por los cuales la gente se deprime es el fracaso. Un negocio que estamos buscando se viene abajo, una relación que estamos tratando de desarrollar no resulta. "He fallado nuevamente", te dices. Detente aquí. Ser pesimista abre la puerta a más fracasos. ¿Qué otra cosa puedes hacer? Puedes encontrar algún punto bueno. Puedes recargarte con optimismo y con el pensamiento positivo.

¡Tú tienes cualidades muy valiosas! ¡Tú puedes tener éxito! Adoptar esta actitud te ayudará a recuperarte de cualquier caída. Podrás encontrar el éxito hasta en las áreas en donde las cosas no están bien.

El rabí Natán no sólo estudió las enseñanzas del Rebe Najmán sino que también las vivió. Transformó la lección de ¡*Azamra*! en una guía práctica para mejorar las relaciones con la familia, los amigos y los vecinos - en verdad, con cualquier persona con la que entremos en contacto. Imagínate, la mayoría de las disputas del hogar (la forma más común y generalmente más dañina de desacuerdo) se eliminarían de manera instantánea si sólo pudiésemos ver los buenos puntos y centrarnos sólo en la cualidades positivas en nuestras parejas e hijos. Centrarse en el bien transformará tu vida en una vida plena de propósito, en una vida responsable, en una vida de satisfacción y plenitud. En síntesis, si siempre buscas el bien traerás el bien y la bondad a tu vida y el hecho de buscar lo que es correcto traerá virtud a tu atmósfera personal.

Al buscar los puntos buenos te sorprenderás de cuántos hay. El rabí Natán explica que cuando uno pierde algo importante sale a buscarlo. Busca arriba y abajo y finalmente lo encuentra. En general, a lo largo de la búsqueda encuentra otras cosas "perdidas", cosas que había "olvidado" y no recordaba que aún tenía. Lo mismo sucede con alguien que busca sus puntos buenos. En el curso de su búsqueda inevitablemente se encontrará con otros tesoros "perdidos hace tiempo" que son suyos y sólo suyos. Para su sorpresa verá que posee un montón de "pequeñas y buenas cualidades" (*Likutey Halajot, Birkot HaPeirot* 5:4).

Cierta vez un fuego arrasó parte del pueblo de Breslov. Al pasar por el lugar el rabí Natán y sus discípulos vieron a uno de los desesperados damnificados. Aunque lloraba amargamente esta persona buscaba entre los escombros de su destruido hogar con la esperanza de encontrar algo que pudiese utilizar para volver a construir su casa. El rabí Natán preguntó, "¿Ven lo que esta haciendo? Aunque su casa ha quedado destruida no ha perdido la esperanza. Está recolectando todo aquello que pudiera llegar a ser útil para volver a construirla. Lo mismo es verdad cuando se trata de la estabilidad espiritual e incluso emocional. La mala inclinación lucha contra nosotros tratando de destruir toda la santidad que hemos podido construir haciendo que hagamos algo que va en contra de la voluntad de Dios. Incluso así, cuando nos tumban y todo parece inútil, nunca debemos abandonar la esperanza. Debemos recolectar los pocos puntos buenos y extraerlos de entre todos los pecados. *Ésta* es la manera de acercarse a Dios" (*Kojvei Or*, p.78).

12

¿QUÉ ES COMENZAR DE NUEVO?

La esencia de vivir es comenzar nuevamente cada día. Jai (la palabra hebrea para "vivir") también significa "fresco" (Likutey Halajot, Basar veJalav 4:12).

LA MEMORIA NOS HACE HUMANOS. De no tener memoria, nos despertaríamos cada mañana sin recordar quiénes somos ni lo que estamos haciendo en el mundo. Si uno lo piensa, puede que no sea tan mala idea.

De la manera en que el Rebe Najmán considera la vida, cada día es como una pizarra limpia, la posibilidad de comenzar nuevamente. Debido a que tenemos la capacidad de olvidar, podemos dejar todas nuestras malas decisiones y errores vergonzosos allí adonde pertenecen - en el pasado. De esta manera podemos encarar con frescura y brío nuestro trabajo, nuestras actividades y nuestras relaciones con otras personas y con Dios.

"La mayor parte de la gente piensa que el olvido es un problema serio", explica el Rebe Najmán. "Pero para mí tiene una gran ventaja. Si uno no olvidara sería absolutamente imposible servir a Dios. Uno estaría recordando todo su pasado y esos recuerdos lo deprimirían sin permitirle elevarse hacia Dios. Sea lo que fuere que uno hubiera hecho perturbaría constantemente la memoria del pasado. El pasado se ha ido para siempre y no es necesario volverlo a traer otra vez a la mente. Debido al hecho de que es posible olvidar ya no seremos más perturbados por el pasado".

La mayor parte de la gente se siente angustiada por los eventos pasados - una palabra que se escapó, una situación humillante y una respuesta airada. También nos sentimos avergonzados por los errores graves que hemos cometido, así sea en el plano financiero, emocional o incluso accidental, tal como el quebrarse un brazo. "¿Qué habría pasado si...?" se transforma en el estado mental normal y parece que nunca podremos salir de la rueda de pensamientos tales como, "¿Qué habría pasado de haber hecho aquello?" o "Si hubiera dicho esto...".

La letanía de preocupaciones sobre todo lo que hicimos mal o sobre las cosas importantes que dejamos de hacer interfiere con el hecho de llevar a cabo las cosas aquí y ahora. Afecta nuestra capacidad de conformar nuevas relaciones ("¿Qué pasaría si digo algo estúpido como la última vez?"), de encarar nuevas oportunidades en los negocios ("Si se llegan a enterar de cómo arruiné las cosas antes seguro que no querrán trabajar conmigo ahora") e incluso para orar a Dios de la manera apropiada ("¿Por que Dios escucharía mis plegarias cuando tengo tantos pecados y fallas?"). El mejor consejo para dejar esas preocupaciones de lado es simplemente olvidar. Tan pronto como una situación ha pasado, dice el Rebe Najmán, olvídala por completo y nunca vuelvas a pensar en ella.

Por supuesto que tenemos la obligación de enmendar nuestras malas acciones pasadas. Con la ayuda de un rabí o mentor espiritual podemos embarcarnos en un programa de *teshuvá* (arrepentimiento) para rectificar cualquier falla moral que hayamos cometido frente a Dios o con nuestros congéneres judíos. Pero no debemos permitir que las fallas pasadas nos paralicen con la recriminación y la culpa. ¡Podemos comenzar nuevamente, cada día!

En el futuro, Dios hará que cada uno recuerde todo, incluso lo que fue olvidado durante su vida (ver *Zohar* I, 185a). Esto es también verdad de todas las lecciones de la vida que la persona haya oído y no haya comprendido. En el Mundo que Viene todo será comprendido (*Tzadik* #388).

¿QUÉ SIGNIFICA ESTO PARA MÍ?

Nada pesa más sobre la persona que las preocupaciones sobre los actos pasados que nunca pueden recuperarse ni cambiarse. El secreto para eliminar ese "exceso de equipaje" y tener éxito en nuestras vidas es olvidar el pasado y comenzar de nuevo. Debemos reconocer que somos humanos, que estamos sujetos al error y que aun así podemos avanzar y lograr cosas cada vez más grandes y mejores. Y que somos suficientemente valiosos a los ojos de Dios, que siempre nos aceptará cada vez que retornemos a Él.

Por lo tanto, actúa para que cada día cuente. Haz que puedas mirar hacia adelante, hacia una vida de logros y de alegría. Cuando despiertes por la mañana u organices tu día, anticipa las maneras positivas con las que llevarás a cabo tus actividades profesionales y personales. Piensa en formas de mejorar tus relaciones e incluso deja de lado viejos rencores. Cuando se presenten nuevas oportunidades trata de aproximarte a ellas con el entusiasmo y la creatividad que siempre quisiste tener.

Comenzar de nuevo te dará el coraje de encarar oportunidades y de ser "original". Pese a mis fallas y pasados errores puedo ser una persona nueva, puedo ser original en mi manera de actuar. Pero ¿acaso nunca traté de hacer esto? No importa. Hoy puedo comenzar de nuevo (ver *Likutey Moharán* I, 272). El Rebe Najmán dijo cierta vez sobre él mismo,

"El hecho de que ni una sola palabra salga de mis labios sin alguna novedad, eso es seguro. ¡Pero ni siquiera el aliento que sale de mis labios carece de originalidad!" (*Tzadik* #384).

Tómate también el tiempo de recordar toda la alegría y el bien que hayas experimentado alguna vez. Eso es utilizar la memoria de la mejor manera posible e impulsar el pensamiento positivo y la creatividad. También ayuda a tomar de las reservas interiores de fortaleza, siempre con la esperanza de que emerja el bien.

El Rebe Najmán enseña que cada mañana, al despertar, la persona debe inmediatamente "recordar" el Mundo que Viene (ibid., I, 54:2). Al centrarse en el verdadero objetivo de la vida en este mundo -la recompensa por nuestras buenas acciones que nos espera en el Mundo que Viene- podemos dejar de lado e incluso olvidar las frivolidades de este mundo. Podemos agregar que éste es el motivo por el cual recitamos la plegaria *Mode Ani* ("Te agradezco") al despertarnos. Cantar las alabanzas a Dios como la primera cosa que hacemos a la mañana centra nuestra atención y construye nuestra expectativa por el verdadero bien que nos está reservado.

13

¿QUÉ ES LA VERDAD?

La verdad brotará de la tierra (Salmos 85:11).

El rabí Natán hizo notar sobre este versículo: Las semillas puestas en tierra deben ser nutridas, cuidadas y regadas para que crezcan apropiadamente. De la misma manera la verdad debe ser cuidadosamente guardada y nutrida para que pueda brotar, así emergerá en su forma perfecta (Maasiot uMeshalim p.40).

LA VERDAD ES UN IDEAL MARAVILLOSO. Pero con sólo comenzar a hablar con algunas personas uno empieza a preguntarse dónde está realmente la verdad. Todos creen que su idea es la correcta y su solución, la adecuada. Tendemos a ver las cosas desde nuestra propia perspectiva y esa es *mi* verdad. Pero las otras personas ven las cosas desde su perspectiva, que es *su* verdad. El problema de la verdad es que sólo puede ser una cosa única: ¡la verdad!

El Rebe Najmán explica que hay muchas mentiras pero una sola verdad. Es posible llamar a una copa de plata, "copa de plata". Ésa es la verdad. Pero si se utiliza otra descripción, como "una copa de oro", "una copa de cobre" o "una copa de latón", no es la verdad. Algo es lo que es o no lo es. Ésa es la verdad.

De modo que la verdad es siempre una. Pero cada persona tiene una perspectiva diferente de la verdad, que surge del hecho de que Dios, Quien es Uno, nos creó a cada uno de manera diferente. Dado que cada uno de nosotros es muy diferente del otro, tenemos diferentes perspectivas de la verdad.

El rabí Natán explica que dado que cada uno ve las cosas de manera diferente, todos *tenemos* verdad, por lo que cada uno puede presentar su propio punto de vista de manera verdadera. El problema real se presenta cuando no aceptamos la validez del punto de vista de otra persona que, de acuerdo a ella, es también la verdad. Entonces comienzan las disputas - pues cada persona se afirma en sus perspectivas y las diferencias entre la gente se hacen cada vez más amplias y más diversificadas.

Éste es el origen de todos los conflictos que existen en el mundo. Cada persona "sabe" que está en lo cierto y que, automáticamente y por extensión, los otros no pueden estar en lo cierto. O como dice el Rebe Najmán, "El rasgo de querer salir victorioso no puede convivir con la verdad. Para probar su punto de vista, la persona nunca permitirá que el otro punto de vista entre en su mente" (ver *Likutey Moharán* I, 122).

Nuestra insistencia con la verdad -"nuestra" verdad- genera de hecho la negación de la verdad, junto con la disputa y las mentiras que la acompañan, las equivocaciones y las justificaciones que nos alejan más todavía de la verdad. Porque cuando tratamos de embellecer la verdad o de adaptarla, entramos en las distorsiones y en las mentiras y de hecho podemos hundirnos en ciénagas horribles. ¡Lo peor de todo es que ese daño nos lo hacemos a nosotros mismos!

Puede ser esa pequeña "mentira piadosa" que decimos para protegernos de la vergüenza. Puede ser un pequeño "cambio" que le agregamos a la historia para quedar bien ante los ojos de los demás. O puede ser una historia inventada para salvar nuestro trabajo, nuestro matrimonio o cualquier otra cosa que sea importante. No importa cómo lo vistas, es mentira. (Nuestros Sabios enseñan que en aras de la paz se permite cambiar un relato [*Iebamot* 65b]. ¡Pero hay que tener mucho cuidado con las alteraciones no sea que uno se engañe a sí mismo también!).

Fíjate cuán poco esfuerzo conlleva esto. Después de todo, son sólo algunas pocas palabras. Pero comparémoslo con el conducir en una autopista. Te encuentras en la vía rápida y vas derecho. Es posible girar el automóvil un poco a la izquierda o a la derecha pero siempre sigues derecho. ¿Pero qué sucede si uno dobla demasiado? Se pone en peligro.

Ahora llevemos esto un paso más adelante y preguntémonos cuántas veces nos sucedió durante la vida. Estás conduciendo y tomas la salida equivocada. Ahora estás perdido tratando de retornar al camino correcto. Pero doblas mal una y otra vez. Pierdes tiempo, pierdes la paciencia; francamente, estás fuera del camino y sea lo que fuere que suceda, tú has perdido.

La verdad es Dios y la verdad es luz, el sendero apropiado e iluminado. Toda desviación de ese sendero extravía a la persona. Si distorsionamos un poco ese sendero ello nos llevará hacia muchos otros y diferentes caminos en la vida que se mostrarán desastrosos. El Rebe Najmán enseña que la mentira daña la vista, física y espiritualmente (*Likutey Moharán* I, 51). La mentira puede dañar la vista de modo que uno no vea las consecuencias de sus palabras o acciones. Esto lleva a decir cosas que son dañinas para uno mismo o para los demás. Otra mentira puede "enceguecer" a la persona aumentando en mucho las probabilidades del error.

Alguien le habló al rabí Natán sobre un importante *maskil* (seguidor del movimiento Iluminista) de que había dejado la senda del judaísmo. Aun así esa persona nunca decía una mentira. "¡Fíjate qué honesto y recto es!", le dijo. El rabí Natán le respondió, "Es posible que nunca diga una mentira. ¡Pero está viviendo una mentira!" *(Tradición oral)*. La verdad o la mentira tienen sus valores y propósitos individuales. Pero tal como implica el rabí Natán, hay que ser muy cuidadosos en cómo uno los utiliza. Pueden construir -o destruir- tu vida.

¿QUÉ SIGNIFICA ESTO PARA MÍ?

El Rebe Najmán y el rabí Natán hablan a menudo de la verdad y cómo debemos buscarla en todo momento. La manera de hacerlo es buscar "su rostro".

Todo se identifica por su rostro. Así como es posible identificar a una persona o a alguna cosa al mirarla directamente, de la misma manera debes mirarte a ti y a tus acciones con honestidad y preguntarte, "¿Es éste quien realmente soy o es sólo una fachada que presento a los demás que me rodean?". "¿Qué es lo que realmente quiero de la vida?"; "¿Qué estoy preparado para hacer para mejorar y ser una mejor persona?". La verdad es fácilmente definible si la contemplamos directamente en su rostro. Debemos tener la voluntad de buscar lo que es verdad y entonces, al verlo, aceptarlo (aunque no nos guste en primera instancia). Después de todo es la verdad.

¿Has dicho alguna vez, "No necesito esa porción extra de torta" - y pese a ello la tomaste de todas maneras? ¿Te has dicho alguna vez, "No puedo pagar por ello" - pero entonces, de todas maneras, reservaste esas vacaciones lujosas o compraste ese caro automóvil? Ser honesto con uno mismo no significa no darse satisfacciones, pero es necesario andar con los ojos abiertos y estar dispuesto a enfrentar las consecuencias de nuestras decisiones.

En el ámbito físico ser honesto con uno mismo significa cuidar el cuerpo, no comer en exceso ni consumir alimentos poco sanos y evitar las drogas. Significa ejercitarse y hacer las cosas que son beneficiosas para el cuerpo. Eso es ser honesto. Por el simple motivo de que el cuerpo viste al alma y sin un apropiado mantenimiento el alma no puede servir a Dios.

La misma idea de honestidad se aplica al ámbito emocional. Cuando nos sentimos molestos con un niño, podemos enojarnos o incluso montar en cólera. ¿Pero con qué beneficios? ¿Qué puede ganarse mediante la ira? ¿Qué podrá aprender el niño de todo ello? Lo mismo se aplica a la relación entre esposo y esposa y al trato con los parientes, amigos y compañeros de trabajo. ¿Elegimos el odio por sobre el amor, la depresión por sobre la alegría, la obsesión por sobre la tranquilidad? Si tomamos la costumbre de preguntarnos siempre, "¿Cuál es la necesidad o realidad de esto?" entonces seremos honestos con nosotros mismos.

La honestidad es de extrema importancia en el ámbito espiritual. Nadie sabrá si estás fingiendo excepto tú - y Dios. Pregúntate, "¿Están mis plegarias a la altura necesaria? ¿Realmente me esfuerzo en tener una relación con Dios? ¿O soy una criatura de costumbre sin sentimientos ni vida ni emoción en mis devociones?".

Sin honestidad no hay crecimiento - físico, emocional, financiero o espiritual. Pero cuando buscamos la verdad, estamos tomando la "realidad" en cada paso y sabemos en qué dirección estamos yendo a través de todos los desafíos de la vida.

Cuando traemos la verdad a nuestras vidas, traemos luz a nuestras vidas. Y, por asociación, ¡traemos a Dios a nuestras vidas! (ver *Likutey Moharán* I, 9:3). Toda nuestra actitud cambia al redirigir nuestra perspectiva hacia un nivel superior y más profundo. La verdad es el fundamento del cual todo lo demás depende.

14

¿QUÉ ES LA FE?

Enseña el Rebe Najmán: La fe es como un hermoso palacio con muchas y bellas habitaciones. Uno entra y camina de una habitación a otra, de un salón a otro... De allí en más camina con confianza... más y más adentro. ¡Cuán afortunado es aquel que camina con fe! (Tzadik #420).

Dijo el Rebe Najmán, "Otros consideran que la fe es algo menor. Pero yo considero que es algo extremadamente grande" (Sabiduría y Enseñanzas del Rabí Najmán de Breslov #33). *Cuando el Rebe le indicó al rabí Natán que debía registrar por escrito sus propios discursos, le dijo, "En tus escritos cada palabra debe ser medida. ¡Pero cuando llegues al tema de la fe deja que tu pluma fluya!"* (Rabí Eliahu Jaim Rosen). *La importancia de la fe no tiene paralelo. Sin ella no podemos entrar en el ámbito de la espiritualidad. Con ella, podemos alcanzar los niveles más elevados.*

LA FE ES EL CIMIENTO del mundo. Más específicamente es *el* principio fundamental del judaísmo, de la Torá e incluso de la humanidad misma. Al comienzo de los tiempos Dios colocó la fe en toda la Creación, como está escrito, "Todas Sus obras son fe" (Salmos 33:4). Por lo tanto no hay nadie que no tenga fe en algo o en alguien, y a lo largo de la vida se nos pide constantemente que corroboremos esa fe: "¿Tengo fe en mi esposa, en mi vecino, en mis hijos, en mi almacenero, en mi agente de bolsa? ¿Merecen mi confianza?".

Todos los negocios se llevan a cabo en última instancia mediante la fe. Al examinar una mercadería que nos interesa adquirir, preguntamos el precio. ¿La compraremos? Si crees que el precio del mercader es justo, lo harás. Si sospechas que hay algo que no está bien o simplemente no confías en él, no lo harás. Incluso los presidentes de los conglomerados multinacionales deben poner su fe en los reportes de sus asistentes, en el trabajo de la gente en la cual confían. La fe es un atributo sin el cual no podemos sobrevivir en este mundo.

Hablando en general, el término "fe" se aplica a lo que no podemos conocer ni comprender. No necesitamos de la fe para decir que una estructura de madera de cuatro patas frente a nosotros es una mesa o que las cuatro paredes que nos rodean conformar una habitación. Podemos verlo. Lo sabemos. Y no necesitamos la fe para convencernos de que si ponemos un dedo en el fuego nos vamos a quemar. Lo sentimos. Lo sabemos. La fe se vuelve necesaria sólo cuando no podemos experimentar directamente algo con nuestros sentidos o comprender el motivo y la razón para hacer alguna cosa.

Esto se aplica fácilmente a nuestra relación con Dios, Quien está más allá de nosotros y al mismo tiempo junto a nosotros. El Rebe Najmán enseña que existe allí fuera un mundo glorioso - y un Dios totalmente benevolente a cargo de él. Pero Él nos oculta Su Presencia para permitirnos la libertad de elección. Si nos mantenemos firmes en nuestra fe en Él entonces, tan pronto abramos el velo y digamos, "¡Yo sé que estás allí, Dios! ¡Creo en Ti!", todos los ocultamientos se desvanecerán y sentiremos a Dios como nunca antes.

Pero esta fe debe ser nutrida. Se nos prueba una y otra vez y se nos volverá a probar en el futuro. El mundo entero

¿QUÉ ES LA FE?

es en realidad un ámbito para ponernos a prueba, en el cual los obstáculos y los desafíos sólo existen para comprobar cómo responderemos y qué elecciones haremos. A veces las pruebas son financieras, a veces físicas y otras veces son nuestras emociones las que están en juego. Y continuamente se bombardea nuestra espiritualidad con influencias externas que desafían el corazón mismo de nuestras creencias.

> El Rebe Najmán alentó cierta vez a un hombre que se sentía muy confundido por sus creencias. El Rebe le dijo, "Toda la creación llegó a la existencia sólo debido a gente como tú. Dios vio que habría gente que se aferraría a nuestra santa fe pese a sufrir mucho debido a la confusión de las dudas que constantemente la acosarían. Él percibió que superarían esas dudas y se fortalecerían en su fe. Fue debido a ello que Dios trajo a la existencia toda la creación". Después de oír esto, el hombre se fortaleció en gran manera y nunca más se sintió perturbado cuando era acosado por esos confusos pensamientos (*Sabiduría y Enseñanzas del Rabí Najmán de Breslov* #222).

Tener fe es una cosa. Mantenerla es otra. Pero de todas maneras debemos tener fe, como se mencionó más arriba, dado que siempre y de alguna manera requeriremos de la fe. Si es así, el Rebe Najmán nos está enseñando que siempre debemos fortalecernos en la fe. Podemos hacerlo. Y es de lo más provechoso.

Aunque no lo comprendamos plenamente ello se volverá más claro más tarde. El rabí Natán explica que la fe y el conocimiento son dos caras de una misma moneda. Comenzamos con fe, la que eventualmente y al final culmina con el conocimiento y la comprensión de lo que creíamos. Con esa comprensión estamos listos para dar el próximo salto de fe y ascender a un nivel superior de fe (*Likutey Halajot, Jalav veDam* 4:2).

¿Que Significa Esto Para Mí?

Con fe, uno tiene una vida. Sea lo que fuere que salga mal, la persona podrá consolarse sabiendo que Dios está detrás de ello y que puede encontrar solaz en Su Creador. También tendrá esperanza y fe en que todo es para mejor y que finalmente se transformará en algo bueno. Por otro lado, sin fe, ¿hacia dónde va la persona en un momento de necesidad? ¿En épocas de dificultad? (ver *Sabiduría y Enseñanzas del Rabí Najmán de Breslov* #51, #101).

El rabí Natán hace una lista de cuatro clases de fe que debemos tratar de cultivar:

- Fe en Dios
- Fe en la Torá
- Fe en los Tzadikim
- Fe en uno mismo

FE EN DIOS significa que Él existe, que es Omnipotente, que guía el mundo con Providencia Divina y que supervisa todo lo que sucede. Alguien tan Todopoderoso como Dios ciertamente tiene el poder de responder a tus pedidos y plegarias. ¡Pero debes creer en ello! De otra manera tus plegarias no serán efectivas. ¿Cómo puedes establecer una relación con Dios si no tienes esa clase de fe en Él?

FE EN LA TORÁ significa que la Torá nos provee de los parámetros correctos para tratar con la vida. Por ese motivo debemos poner un gran énfasis en observar simplemente las leyes de la Torá. Al tener fe en la Torá y en las *mitzvot* comenzaremos a comprender la importancia de seguir la Torá y comprobar la influencia positiva que ejerce en nuestras vidas.

Por otro lado, abandonar la fe en la Torá -y especialmente en la Ley Oral- lleva a resultados catastróficos. A todo lo largo de la historia judía hubo sectas separatistas que le trajeron muchas dificultades al pueblo judío. Éstas incluyen a los idólatras durante la existencia del Primer Templo, los Saduceos del Segundo Templo, los Karaítas del periodo Gaónico (cerca del comienzo del 600 E.C.), los apóstatas de la época medieval y los grupos que hasta en nuestros días eligen negar la Ley Oral. Pero aun así, en lugar de generar nuevos movimientos con muchos seguidores, esos grupos separatistas inevitablemente desaparecen pues están desapegados de la Torá, la fuente de vida (ver *Likutey Halajot, Halvaah* 4:8).

FE EN LOS TZADIKIM significa fe en aquellos individuos únicos de cada generación que alcanzan grandes niveles de piedad en su relación con Dios y que son capaces de llevar la palabra de Dios hacia aquellos con una conciencia espiritual menor (ver Capítulo 17, "¿Qué es el Tzadik?"). En verdad, los Tzadikim son ejemplos tan elevados de devoción religiosa y de pureza moral que Dios deja en general que sean ellos el conducto para las bendiciones del mundo.

FE EN UNO MISMO es tan importante que sin ella las otras tres áreas de la fe siempre estarán incompletas. El rabí Natán explica que la fe en uno mismo implica:

- Creer que yo, como individuo, soy muy importante a los ojos de Dios
- Creer que no importa cuán lejos me encuentre de Dios, tengo el poder de retornar a Él.
- Creer que no importa cómo me esté comportando en la vida en este momento, tengo la fuerza interior para cambiar mis hábitos.
- Creer que tengo la autoconfianza como para tratar con los demás.
- Creer que yo también tengo la capacidad de transformarme en un Tzadik.

El Rebe Najmán enseña que una importante práctica

para fortalecer la fe en uno mismo es repetir una y otra vez, "¡Yo creo en Dios!" como en el versículo, "Haré conocer Tu fe con mi boca" (Salmos 89:2; *Likutey Moharán* II, 44).

Armados con la fe -en Dios, en la Torá, en los Tzadikim y en nosotros mismos- podremos siempre encontrar una salida para nuestras emociones y sentimientos. Podremos hallar maneras de mejorarnos y de reparar todos los daños del pasado. Podremos enfrentar el futuro con confianza, sabiendo que nos apoyamos en el sólido fundamento de la fe.

15

¿QUÉ ES EL PACTO?

La principal manera de acercarse a Dios es cuidando el pacto
(*Likutey Moharán* I, 29:4).

EL PACTO, O *BRIT*, hace referencia al pacto que Dios hizo con Abraham, el primer patriarca del pueblo judío. Dios dijo "Éste es Mi pacto que guardarás, entre Yo y tú y tus hijos después de ti: todo varón será circuncidado" (Génesis 17:10). La mitzvá de la circuncisión es la señal del trato que Dios hizo con Abraham y con su futura descendencia, el pueblo judío. Dios prometió ser fiel al pueblo judío, nunca abandonarlo por otra nación y el pueblo judío, a su vez, prometió ser fiel a Dios. A diferencia de los tratos comerciales, donde si un lado se retira el otro lado queda absuelto de su compromiso, un pacto es eterno. Aunque el pueblo judío reniegue de su promesa (lo que desafortunadamente sucedió varias veces en su historia, optando servir a los ídolos en lugar de a Dios), Dios nunca se retractará de Su parte del trato.

Vemos que pese a sus ocasionales lapsos de fe en Dios, los judíos siempre han mantenido la mitzvá del *brit milá* (literalmente, "el pacto de la circuncisión"), no importa lo que sucediese. Muchas naciones -la Grecia antigua, la

Roma antigua, España durante la inquisición, la Alemania nazi- trataron de forzar a los judíos a que abandonasen esta práctica pero ellos se aferraron tenazmente a ella, demostrando su voluntad de morir en lugar de abandonar el pacto. Incluso hoy en día, cuando el secularismo ha arrasado todos los rangos del mundo judío, dejando a muchos en la ignorancia de los elementos básicos de nuestra tradición, la circuncisión sigue siendo algo que todos los niños judíos tienen en común. En lo profundo, el judío siente su conexión única con Dios (ver *Shabat* 130a).

El gran comentarista medieval, Rashi, explica que la señal del pacto fue estipulada para el lugar en donde es posible diferenciar entre lo masculino y lo femenino (Rashi sobre Génesis 17:14). En un nivel más profundo, la señal del pacto nos enseña que es necesario establecer parámetros entre lo masculino y lo femenino. Cuando esos parámetros son honrados y cuidados es posible desarrollar una relación especial de mutuo honor y respeto entre los miembros de una pareja.

En la sociedad contemporánea el matrimonio y la fidelidad son vistos casi como una broma. "¿Por qué esperar?" y "Simplemente hazlo" son los mantras de los gurús sexuales de la era moderna. Un hombre debería estar ciego para no notar las brevísimas nuevas modas, las sugerentes imágenes en la imprenta y los medios y la seductora música que sale con estruendo de cada vehículo y negocio. El sexo es visto como algo casual, algo para probar y descartar como un par de medias. No es de asombrar que para el tiempo en que los jóvenes deciden casarse, sus cabezas están llenas de tanta basura e indecencia al punto en que encuentran difícil concentrarse en su pareja y en las necesidades de ella.

Nuestros Sabios hacen referencia al matrimonio como *KiDuShin* (קידושין), de la palabra hebrea *KoDeSh* (קדש), "santo". La unión entre el esposo y la esposa tiene por objetivo ser un acto de respeto, de amor y santidad. Cuando la pareja se centra el uno en el otro con exclusión de todos los demás, la Presencia Divina reside entre ellos (cf. *Sotá* 17a). Es decir, una cierta atmósfera puede sentirse en sus hogares que permite que la paz y la armonía existan y afecten a todos los miembros del hogar. La santidad de la actitud hacia la relación aumenta la conciencia que se tiene de la pareja.

El órgano sobre el cual se lleva a cabo el *brit milá* tiene otra función, incluso más importante: la capacidad de iniciar nueva vida. Por este motivo Dios le ordenó a Abraham circuncidarse antes de engendrar a Itzjak, para que Itzjak naciera en un estado de santidad. El *Zohar* enfatiza el hecho de que los pensamientos y actitudes de los padres en el momento del acto marital tienen un efecto muy importante sobre el niño que será concebido (*Zohar Jadash* 15a). El Rebe Najmán agrega que al santificar el acto marital, los padres pueden traer un alma brillante y luminosa para su hijo, un alma que contribuya al mayor desarrollo del niño, a su crecimiento y a sus capacidades en los años posteriores (*Likutey Moharán* I, 14:4). Desafortunadamente, lo opuesto también es verdad.

La importancia de cuidar el pacto juega un papel crucial en las enseñanzas del Rebe Najmán. Aquel que no cuida su pureza sexual y se deja llevar por la lujuria y las pasiones que el mundo ofrece nunca podrá tener una relación exitosa con Dios, Quien representa la total santidad y pureza. Esto es como afirma el versículo, "Habla a los hijos de Israel y diles, sean santos, porque Yo, Dios su Señor, Soy Santo" (Levítico 19:2). El *Zohar* (II, 3b) hace referencia al daño del pacto como una "mentira", pues la persona le miente a Dios en su relación con Él; ha tomado el poder otorgado por Dios para crear vida y lo ha utilizado de manera falsa, en una relación errónea. Si deseas la Divinidad, no puedes dejarte llevar por la lujuria. Es así de simple.

El Rebe Najmán explica que hay tres niveles de existencia: santidad, pureza e impureza (*Likutey Moharán* I, 51:2). Vivimos en un mundo impuro, rodeados por toda clase de pasiones. Podemos abandonarnos a ellas y ser impuros como lo que nos rodea o podemos buscar lo santo. Y hay que saber también que existe un sendero que está muy cerca de la santidad pero que aun así le permite a la persona tomar también su porción de torta y disfrutarla. Éste es el nivel de la pureza. En la medida en que controlamos nuestros deseos cumplimos con la enseñanza de, "Santifícate con lo que está permitido" (*Iebamot* 20a).

Dice el Rebe Najmán, "Todos los judíos son llamados Tzadikim debido al hecho de que están circuncidados" (*Likutey Moharán* I, 23:10). El mérito del pacto de la circuncisión es muy grande; es suficiente para que el judío obtenga la distinción de la santidad y el nombre de Tzadik. El Tzadik es el epítome de la moralidad sexual y, como resultado, tiene una relación con Dios mucho más cercana que la persona común. Así como el Tzadik tiene un poder especial para elevar a todos aquellos que lo rodean, llevándolos hacia una mayor conciencia de Dios y de Sus enseñanzas, la persona que cuida el pacto puede elevarse a sí misma y a muchas otras hacia una mayor conciencia de honestidad, decencia y pureza.

Aquel que hace el esfuerzo de cuidar el pacto demuestra qué es lo que considera importante en la vida y exhibe su fortaleza al mantenerse firme en sus intenciones. Esta persona alcanza el honor y el respeto (cf. ibid., I, 11:3); también es más proclive a tener un mejor sustento, viendo que emana una sensación de honestidad y de confianza (cf. ibid., I, 29:5). Al cuidar el pacto también merece la paz; no hay una telaraña de mentiras formada alrededor de la vida que lleva (cf. ibid., I, 33:1).

No es fácil, en absoluto. Pero ser capaz de caminar

con la cabeza en alto, irradiando bondad y confianza te hará sentir bien contigo mismo durante toda tu vida.

¿Que Significa Esto Para Mí?

Cuidar el pacto significa vivir centrados, con claridad y propósito. En lugar de estar bombardeados por imágenes y sonidos que nos arrastran a lugares a los que nunca habíamos pensado ir, somos nosotros quienes estamos en control. Podemos elegir qué hacer y cosechar los beneficios de esas decisiones en términos de más santidad y más pureza. Aunque podamos temer el hecho de "transformarnos en un monje" si tantas relaciones casuales nos están proscritas, lo opuesto es verdad. Cuando nos comprometemos con una persona, concentrando todo nuestro objetivo y deseo en esa persona, encontraremos esto mucho más liberador y satisfactorio debido a la unidad de propósito.

La aproximación del Rebe Najmán al cuidado del pacto lo hace muy simple para nosotros. Hay cosas que están permitidas y hay cosas que están prohibidas. También hay tentaciones que nos asaltan y pueden llevarnos hacia un camino de inmoralidad. Cuando nos concentramos en hacer todo lo posible para cuidar el pacto, automáticamente vivimos una vida de moralidad. Al hacerlo, automáticamente nos estamos acercando a Dios y ganando Su bendición.

Estas cosas específicas son totalmente necesarias cuando se trata de guardar el pacto:

- Contraer matrimonio con una persona judía
- Evitar relaciones sexuales con una mujer en estado de menstruación
- Evitar las relaciones extramaritales
- Evitar relaciones homosexuales
- Evitar el onanismo

- Cuidar los ojos de las imágenes indecentes

Este último punto de la lista puede ser una sorpresa. Si estoy trabajando tan duro para tener una relación correcta y evitar las incorrectas, ¿por qué no puedo mirar un poco aquí y allá? ¡Prometo que nada pasará!

¿Estás seguro? Los ojos son las ventanas al mundo. Esto significa que la manera en como la persona mira a las cosas es la manera en la cual éstas serán transmitidas a su mente y, a su vez, se transformarán en las directoras de sus acciones. El interiorizar la lujuria llena nuestras mentes con pensamientos que no son saludables, ni mentalmente ni para el cuerpo. Nuestros sabios enseñan que la simiente proviene de todo el cuerpo y cuanto más se consume, mayor es el desgaste del cuerpo y su debilidad (cf. *Nidá* 43a; ver *Oraj Jaim* 240:14). Hablando en términos fisiológicos, al cuidar los ojos y actuar de manera moralmente correcta, la persona protege y sustenta sus fluidos corporales de modo que sus "fluidos naturales" se mantienen hasta una edad avanzada.

Es así que cuidar el pacto es útil para el bienestar físico al igual que para la estabilidad mental. Lleva a una vida moral, a la firmeza en las decisiones, a la capacidad de encarar las cosas hasta su conclusión (pues uno tiene un fundamento sólido) y a la confianza en todas las facetas de la vida. Y cuando comprendemos que el pacto es un paralelo de la sefirá de *Iesod* (ver Diagramas) éste toma un significado totalmente nuevo. La palabra hebrea *Iesod* significa "Fundamento". Vivir una vida moral significa construir un sólido fundamento para toda nuestra vida.

16

¿QUÉ ES UN TIKÚN?

Si crees que es posible destruir, debes creer que es posible reparar (*Likutey Moharán* II, 112).

TODO ESTÁ BIEN si uno puede mantener una vida moral. Pero, ¿qué sucede si la persona sucumbe a la tentación y falla así sea al tratar de orar, al evitar alimentos que no son kosher o al cuidar el pacto? ¿Acaso hay alguna esperanza? ¿Podrá alguna vez rectificar aquello que hizo mal?

Así como en lo que llamamos "la vida real" hay errores que deben ser corregidos, lo mismo sucede en la vida espiritual, se cometen errores y a veces, Dios no lo permita, incluso se cometen pecados intencionales. El Ari habla de los daños causados por el pecado, lo que les da poder a las fuerzas del mal y es la fuente de todo sufrimiento - enfermedades, desastres naturales y toda clase de daños. ¿Existe una manera de arreglar también esto?

La respuesta, dice el Rebe Najmán, es un absoluto "¡SÍ!".

La palabra hebrea *TiKúN* (תקון) significa "reparar", "rectificación" y "preparación". *LeTaKeN maajalim* significa preparar alimentos (para una comida); llevamos a cabo varios otros *tikunim* cuando nos prepararnos para el día que nos espera, como limpiarnos los dientes y tomar esa dosis diaria de cafeína en el desayuno. El resto de nuestro día parece estar lleno de *tikunim*, en términos tanto de prepararse para lo que está mal en la oficina como de arreglarlo, lo mismo en nuestras tareas y en las relaciones personales. ¿Qué sucede con los *tikunim* en el ámbito espiritual?

El Rebe Najmán habla a menudo de *tikunim*. Habla de los *tikunim* para las almas, habla del arrepentimiento como un *tikún* del pecado y reveló el *Tikún HaKlalí*, el Remedio General, al que explica como un *tikún* general que puede efectuar la rectificación de cualquier daño individual o general (Likutey Moharán I, 29:3). El Rebe Najmán siempre habló de la esperanza incluso ante las peores acciones y afirma enfáticamente que uno siempre puede arrepentirse y retornar a Dios. Siempre. Incluso desde los peores pecados, desde los niveles más bajos. Sorprendentemente, el rabí Natán agrega que el Rebe Najmán enseñó que a veces los pecados de la persona son tan poderosos que cuando ésta reconoce su locura, es ese mismo reconocimiento lo que la lleva al arrepentimiento. Entonces ¡todo lo que hizo mal puede transformarse en *mitzvot*! (Ver *Likutey Halajot, Birkot HaReiaj* 4:2).

Dios esta siempre con nosotros; Él permea cada nanómetro de la existencia. Si Lo buscamos podemos encontrarlo, de alguna manera, en algún lugar. Pero cuando nos equivocamos (o peor), perdemos ese contacto, como la persona que hace un mal giro y termina en un terreno desconocido. Dicen nuestros Sabios, "Si la persona peca y luego vuelve a repetir el pecado, comienza a creer que ello está permitido" (Kidushin 20a). Entonces pregunta, "¿Donde está Dios?". No Lo veo ni Lo siento. ¿Podré alguna vez retornar a Él?

El Rebe Najmán enseña que en el mismo momento en que la persona piensa en Dios, diciendo, "¡Dios! ¿Dónde estás?", inmediatamente se conecta con Dios y puede comenzar su retorno hacia Él. Pues aunque pueda llegar a pensar que está

¿QUÉ ES UN TIKÚN?

a eones de distancia de Dios y quizás sea cierto sobre esa formidable distancia, Dios realmente está junto a ella. Lo que sucede es que no es consciente de ello. Pero en el momento en que clama, "¡Dios! ¿Dónde estás?", hace contacto y puede reconocer que Dios está con ella en todo momento, en todo lugar, incluso en los lugares más inmundos, hasta en las peores situaciones (*Likutey Moharán* II, 12).

Esta idea se aplica a todo lo que la persona haya hecho, a lo largo de toda su vida. Siempre podemos llamar a Dios, desde donde estemos. El Rebe Najmán dice, "Dios está siempre contigo. ¡Él está junto a ti! ¡Está a tu lado! ¡No temas!" (*Siaj Sarfei Kodesh* 3, #661). Esto se aplica a cada mala acción, a cada acto malo, a cada mal pensamiento y palabra injusta que se haya dicho. Y podemos quedar gratamente sorprendidos por el resultado. Enseñan nuestros Sabios, "Cuando la persona se arrepiente por temor a Dios sus pecados pasan de ser considerados intencionales a ser considerados como accidentales. Pero cuando la persona retorna a Dios por amor, entonces ¡todos sus pecados son transformados en buenas acciones!" (*Ioma* 86b).

¿Como es posible? ¿Transformar los pecados en buenas acciones? Pero cuando uno sirve a Dios por amor, invoca el atributo de *AHaVáH* (אהבה), "amor", que en hebreo tiene el mismo valor numérico que *EJaD* (אחד), "uno". Todo se vuelve una unidad, todo se vuelve uno - uno con Dios.

Esto es un *tikún*. La persona puede reparar muchas cosas. Comienza con su arrepentimiento, con su volverse hacia Dios, lo que tiene un tremendo efecto en minimizar o incluso borrar completamente sus pecados. El *tikún* es un medio para rectificar aquello que hicimos mal. Es algo que podemos hacer, es algo que debemos hacer. ¡Y es algo que el Rebe Najmán enseña que está en nuestro poder!

¿QUÉ SIGNIFICA ESTO PARA MÍ?

Rara es la persona que pasa por la vida sin decir de manera inadvertida algo incorrecto - alguna habladuría, burla o palabra profana, una mentira piadosa (o una gran mentira), una adulación y demás. ¿Y que hay de enojarse y avergonzar a los demás? Cuando se trata de *mitzvot* como guardar el Shabat y las Festividades, ¿cuánta gente está tan informada de las leyes, de los decretos y subsecciones adicionales correspondientes a esos santos días al punto de que pudiera decir que nunca transgredió ninguno de ellos? También están aquellos que sucumben a la tentación y comen algo prohibido o cometen un pecado sexual, en pensamiento, palabra o acción. ¿Cómo podemos reparar esos errores?

Todos sabemos que un pecado puede ser borrado mediante el arrepentimiento. Pero los escritos sagrados preguntan cómo es que esto funciona, dado que el pecado pudo haberse cometido en un cierto lugar en un determinado momento y ahora, años más tarde, la persona está lejos de la "escena del crimen" tanto en tiempo como espacialmente. Por ejemplo, el empleador puede haberse enojado con una secretaria y haberla humillado delante de toda la oficina. La secretaria renunció y se mudó a un lugar lejano. Años más tarde, el jefe quiere rectificar lo que dijo y lo que hizo mal, pero no tiene idea de dónde encontrar a la secretaria. ¿Y qué sucede si ya no está viva? ¿Podrá este pecado ser borrado alguna vez?

El Rebe Najmán enseña que sí, que cada persona puede efectuar un *tikún* para sus pecados. Hay maneras y medios con los cuales la persona puede volverse a Dios para efectuar una rectificación, aunque algunos casos son más difíciles que otros. Aun así, es posible, dependiendo del nivel de arrepentimiento y de remordimiento. Ello requiere algún esfuerzo, clamar y rogar a Dios por el perdón, pero puede lograrse. El problema surge cuando otra persona está involucrada -por ejemplo, si avergonzamos a alguien o calumniamos a otra persona- pues entonces debemos pedirle perdón también a ella. Aunque la persona se haya mudado o haya fallecido, aun así podemos acceder al perdón. Si la persona ruega lo suficiente, Dios se ocupará de que la parte injuriada la perdone.

Incluso el pecado sexual -y especialmente el onanismo, que es considerado el peor pecado posible (ver *Even HaEzer* 23:1)- puede ser rectificado. En cuanto a ello, dijo el Rebe Najmán, "Este pecado ha estado con nosotros desde Adán (ver *Eruvin* 18b). Todos los Tzadikim a lo largo de todas las generaciones han trabajado para encontrar una rectificación para este pecado. Dios me ayudó y yo comprendí totalmente la solución. Rectificar este pecado recitando los Diez Salmos [el *Tikún HaKlalí*] es algo completamente nuevo, una innovación asombrosa y un maravilloso y tremendo remedio". El Rebe explicó que los Salmos están compuestos por los Diez Tipos de Canciones, que constituyen la fuerza más poderosa para hacer retornar a la persona hacia Dios (ver *Sabiduría y Enseñanzas del Rabí Najmán de Breslov* #141; *Los Cuentos del Rebe Najmán* #13, el Sexto Día).

Muchos jasidim de Breslov han tomado la práctica diaria de recitar el *Tikún HaKlalí*. ¿Por qué? Si el Rebe Najmán enseñó que el *Tikún HaKlalí* ayuda para rectificar incluso después del pecado, ¡cuánto más efectivo será si recitamos el *Tikún* antes de pecar! Esta práctica también puede ser útil para ti. Cuanto más busquemos un *tikún* para nuestras malas acciones, más grande será la posibilidad de hacer que ello suceda.

¿Pero qué sucede si nuestro arrepentimiento no es sincero o no sentimos que haya sido efectivo? Éste es otro motivo por el cual necesitamos estar unidos a los Tzadikim (ver Capítulo 17, "¿Qué es el Tzadik?"). Los Tzadikim están buscando constantemente maneras para rectificar todos los pecados, incluso los peores pecados y están siempre trabajando para llevar a todos a un estado de perfección. Cuando me vuelvo a Dios y no me apoyo en mí (quien ha errado) sino en aquellos Tzadikim que siempre fueron rectos y que saben cómo servir a Dios y acepto sus enseñanzas y trato de seguir su guía, entonces incluso yo, aunque me falten méritos, ¿qué otra cosa podría haber hecho para rectificar mis caminos? Al unirme a los Tzadikim es posible reparar todo. ¡Literalmente, todo!

Afortunada es la persona que reconoce sus errores y se arrepiente, efectuando así la rectificación para sus pecados. ¡Para todos ellos!

17

¿QUÉ ES EL TZADIK?

El Tzadik es el cimiento del mundo (Proverbios 10:25).

AL COMIENZO DE LA CREACIÓN, Dios creó la luz y luego diferenció entre la luz y la oscuridad (Génesis 1:4). En verdad, Dios creó muchas fuerzas opuestas y le dio al hombre el libre albedrío para elegir entre ellas: elegir la luz por sobre la oscuridad, lo correcto por sobre lo incorrecto, el bien por sobre el mal. El propósito de Dios en la Creación fue que el hombre considerase y definiese por sí mismo la ruta correcta que debía elegir en cada situación.

Aunque muchos intentan seguir la senda de la verdadera rectitud, pocos tienen éxito en superar las atracciones y tentaciones de este mundo. Dios sabía que esto sería así. Él sabía que la mayor parte de los seres humanos sucumbiría a la tentación, algunos más, otros menos - pero también sabía que unos pocos triunfarían y resistirían todas las tentaciones. Esos pocos son el símbolo de la luz y el epítome de lo que el hombre puede alcanzar.

- El concepto del Tzadik o el individuo recto, siempre ha sido parte del judaísmo y aparece en todos nuestros escritos sagrados. Como ejemplo:

- Fue debido al mérito de incluso un Tzadik que el mundo fue creado (*Ioma* 28b).
- Dios decreta y el Tzadik tiene el poder de anular el decreto. Pero el Tzadik decreta y Dios cumple con su decreto (cf. *Moed Katán* 16b).
- No sólo son los Tzadikim capaces de anular los decretos sino que más tarde son bendecidos por ello (*Zohar* I, 101b).
- Si los Tzadikim lo desearan podrían crear mundos (*Sanedrín* 65b).
- Los Tzadikim hacen descender y revelan la Presencia Divina en el mundo (*Shir HaShirim Rabah* 5:1).

Algunos Tzadikim estuvieron predestinados a la grandeza desde el momento de la Creación. Su rectitud -que en todo caso establecieron mediante sus propias buenas acciones- les fue dada para que pudieran llevar a cabo ciertas misiones para Dios. Otros individuos se han elevado al nivel de Tzadikim superando los deseos físicos y dedicando toda su vida a Dios. Ellos ganaron el título por sí mismos.

Cuando alguien le sugirió al Rebe Najmán que él había alcanzado todo lo que alcanzó debido a su alma exaltada, el Rebe pareció muy irritado. "Éste es el problema. Ustedes piensan que los Tzadikim alcanzan la grandeza meramente porque tienen un alma grande. ¡Esto es absolutamente erróneo! Yo trabajé muy duro para todo esto. Puse mucho esfuerzo en alcanzar lo que alcancé... ello fue debido a las devociones y a los esfuerzos que hice" (*Sabiduría y Enseñanzas del Rabí Najmán de Breslov* #165).

La mejor manera de describir al Tzadik es comparándolo con un puente entre lo físico y espiritual. Habiendo anulado, en la búsqueda por la santidad, sus deseos naturales y los rasgos de carácter negativos, trasciende el ámbito físico y es capaz de aprehender lo que es en realidad la espiritualidad. Con su maestría, él puede tomar los aspectos más asombrosos de la Divinidad y hacerlos descender a un nivel en el cual hasta la persona más simple se pueda relacionar. Algunos Tzadikim nos transmiten su conocimiento a través de sus enseñanzas, otros a través de sus acciones. Observar a los Tzadikim, así sea a través de sus lecciones orales o escritas nos ayuda a comprender qué es lo importante.

Debido a que tiene un pie en este mundo y otro en el Cielo, el Tzadik es un intermediario entre nosotros y Dios. Por supuesto, ningún judío (ni nadie más) necesita un intermediario entre él y Dios, porque siempre es posible buscar y encontrar a Dios. Pero el Tzadik es alguien que ya ha encontrado a Dios y por lo tanto, para decirlo de una manera simple, conoce el camino para encontrar a Dios. Esto significa que es el líder ideal y el guía que puede enseñarnos todo aquello que necesitamos saber en nuestra búsqueda de la Divinidad.

Desafortunadamente, el término "intermediario" ha sido tergiversado y mal utilizado por aquellos que no comprenden o que no pueden comprender lo que es el Tzadik. Ellos atacan y cuestionan la validez de su papel. Al hacerlo, extravían a la gente y la alejan del Tzadik. Esto no comenzó con la aparición de los Tzadikim jasídicos. Ya en épocas bíblicas encontramos que "la gente se burlaba de los mensajeros de Dios" (Crónicas 2, 36:16). Esos "mensajeros" no eran otra cosa que los Tzadikim y profetas de esa generación. En ese entonces, como ahora, la gente no tenía idea de cuán grandes eran esos líderes. Pensaban que la gente misma era capaz de elegir su líder (como se hace en los países "democráticos") y de conocer el sendero correcto en la vida. Esta actitud trajo la destrucción del Templo y el comienzo de nuestro largo exilio.

Para obtener la guía y la dirección que el Tzadik tiene para ofrecer debemos "unirnos" al Tzadik. Esto significa seguir el ejemplo del Tzadik y aceptar su consejo. El Rebe

Najmán explica que la clave para alcanzar la espiritualidad es oír al Tzadik -todo lo que él dice- y no desviarse de ello en absoluto. Sólo acepta sus enseñanzas con una fe completa y en simplicidad (*Likutey Moharán* I, 123). Cuando hacemos lo que el Tzadik dice y hace, nos unimos a él espiritualmente y también nosotros nos volvemos parecidos al Tzadik (ibid., I, 7:4). Así, la persona que sigue a su rabino o a su maestro jasídico se une a ese *rav*. Seguir el consejo del Rebe Najmán une al seguidor al Rebe Najmán.

Por este motivo es una antigua costumbre judía visitar las tumbas de los Tzadikim y orar allí pidiendo la salvación de Dios en las dificultades personales al igual que la salvación de todo Israel (*Oraj Jaim* 581:4). Entre las tumbas de los Tzadikim con las cuales tú puedes estar familiarizado está la tumba del rabí Shimón bar Iojai en Merón, la tumba de Rajel en las afueras de Bet Lejem, la Cueva de Majpelá en Hebrón donde están inhumados los Patriarcas, la tumba del rey David en el monte Sión y las tumbas de muchos de los rabinos talmúdicos ubicadas por todo Israel. La tumba de uno de los más famosos Tzadikim, Moisés, fue ocultada por Dios. El Talmud explica que si el hombre conociese la ubicación de la tumba de Moisés, los judíos irían allí a orar - ¡y serían inmediatamente redimidos del exilio! (*Sotá* 14a; *Ein Iaacov, Sotá* #54).

• • •

EL REBE NAJMÁN ENSEÑA que hay muchos buenos y rectos Tzadikim en este mundo. Pero en cada generación existe un individuo único llamado el Tzadik Verdadero que es el real líder de la nación judía (ver *Likutey Moharán* I, 66:4). Él esta allí para todos -para cada persona en su propio nivel- y puede llevar a cada individuo por el sendero que necesite para vivir una vida plena. Esto se aplica no sólo a la vida espiritual sino también a los ámbitos físico, emocional y financiero.

En los días del nacimiento de la nación judía, el Tzadik Verdadero fue obviamente Moisés, quien habló con Dios directamente y con diligencia les enseñó Su Torá a todos y a cada uno de los judíos. Otros líderes de excepcional calibre incluyen al rabí Akiba, a Rashi, al Ari, al Baal Shem Tov, y demás. Los jasidim de Breslov consideran que el Rebe Najmán es el Tzadik Verdadero - no sólo para su generación, sino también para las generaciones futuras.

Pregúntale a alguien que haya sido tocado por las enseñanzas del Rebe Najmán qué lo inspiró a estudiar los escritos de Breslov y te responderá, "El Rebe Najmán me habla a mí, directamente". Un jasid de Breslov de hoy en día sintetizó esto de la siguiente manera: "Encuentro absolutamente asombroso el hecho de que las palabras de alguien que vivió a finales del siglo XVIII y a comienzos del siglo XIX en Europa oriental pueda, 200 años más tarde, relacionarse directamente con alguien como yo, producto de la civilización occidental del siglo XXI". Las enseñanzas del Rebe Najmán son universales, abarcando todo el espectro del judaísmo. Éstas mantienen su frescura y son totalmente inspiradoras; dan esperanza y aliento, seguridad y motivación para todos, sea cual fuere su situación en la vida.

Abre cualquier libro de las enseñanzas del Rebe Najmán y encontrarás consejos para innumerables situaciones. Parece que el Rebe siempre tiene algo que decir sobre lo que te está sucediendo en este preciso momento. Si vuelves a repasar ese mismo material un tiempo después, cuando otras preocupaciones ocupen tu pensamiento, encontrarás en él un conjunto completamente nuevo de directivas - consejos que se aplican específicamente a tu nueva situación y circunstancia. Esto es difícil de explicar para alguien que nunca ha estudiado las obras del Rebe Najmán. Sus enseñanzas son un manantial inagotable, arroyos siempre fluyentes de vida y vitalidad. Lo único que necesitamos es acceder a ellas para beneficiarnos de sus asombrosos recursos y consejos.

Dijo el Rebe Najmán, "Yo soy un río que limpia de todas las manchas" (*Tzadik* #332). Todo aquel que haya tomado el consejo del Rebe y haya hablado con Dios en *hitbodedut* conoce la maravillosa sensación de ser capaz de abrir el corazón y derramar sus sentimientos más profundos. Sabe que no importa dónde se encuentre, Dios estará con él, esperando a que se acerque. También sabe que no importa cuán mal estén las cosas en la vida, existe ese reservorio de fuerza interna sobre el cual apoyarse, pues el Rebe Najmán dijo, "¡Nunca pierdas la esperanza! ¡Siempre hay esperanzas!". Cuando acaben sus días en este mundo, siempre podrá confiar en la fortaleza y en el poder del Tzadik Verdadero para que defienda su caso delante de la Corte Celestial. Y sabe que al final, el Tzadik Verdadero -el Rebe Najmán- ayudará a limpiar y rectificar su alma.

¿QUÉ SIGNIFICA ESTO PARA MÍ?

De modo que hay un Tzadik que es muy grande y tiene un manantial inagotable de enseñanzas y consejos para ofrecer. ¿Pero qué significa esto para mí? ¿Cómo puedo beneficiarme de ese Tzadik? ¿Qué significa para mí, en un nivel personal, el estar unido a ese Tzadik?

Ante todo, el sólo hecho de saber que existe un Tzadik así es muy beneficioso. Todo aquel que esté en una posición de responsabilidad sabe de la importancia de tener alguien en quien apoyarse en todo momento. Este gran Tzadik ofrece enseñanzas que sustentan en tiempos de necesidad y presentan así un alivio, sabiendo que siempre habrá alguien en quien apoyarse. A nivel personal, la carga se hace algo más ligera.

La persona que esté unida a un Tzadik así ganará mucho más. Al recordar los días de Moisés o del rey David, imaginamos los días gloriosos de la nación judía. Ello se debe al hecho de que esos grandes Tzadikim, si no se ven entorpecidos por la oposición, hacen salir a luz lo mejor de cada persona y realzan el orgullo del individuo por sí mismo y por sus logros (ver *Likutey Moharán* I, 17:1). Esos Tzadikim saben qué "botones" apretar para hacer que la persona se encarrile en la senda del éxito. (Uno de los principales temas del Rebe Najmán es cómo reconocer la propia grandeza y las propias capacidades, al tiempo de mantener la humildad). Todos pueden lograr grandes cosas, pero el líder verdadero es aquel que entiende a cada individuo y puede ofrecerle el mejor consejo que la Torá le pueda dar, de acuerdo a las necesidades únicas y propias de esa persona.

Para encontrar al Tzadik Verdadero, aquél que mejor pueda guiarte en tu senda espiritual, debes buscarlo. Así como debes buscar la pareja perfecta, el mejor trabajo o el hogar correcto, de la misma manera debes dedicarle mucho esfuerzo a encontrar a tu verdadero líder. Esto puede significarte buscar, una y otra vez, las enseñanzas espirituales que aplaquen la sed de tu alma.

Además, debes orar a Dios para que te dirija hacia la verdad, para encontrar al Tzadik Verdadero. Los medios para buscar al Tzadik se ven limitados por aquello que sabemos. Sea lo que fuere que comprendas de la espiritualidad eso será lo que te guíe hacia lo que pienses que es correcto. Pero la plegaria te puede llevar mucho más alto. Puede elevarte más allá de tus capacidades y permitirte encontrar al Tzadik Verdadero.

LAS HERRAMIENTAS

ESTA SECCIÓN DEFINE las herramientas básicas que cada judío necesita para volverse la mejor persona que pueda llegar a ser. Estas son: la Torá, la plegaria, las *mitzvot* y la caridad.

LA TORÁ hace referencia a la Torá que Dios nos dio en el Sinaí. Esta Torá incluye tanto la Ley Escrita (la Biblia) como la Ley Oral (el Talmud y las escrituras sagradas derivadas de las enseñanzas talmúdicas, al igual que la Kabalá).

LA PLEGARIA hace referencia a nuestra capacidad de comunicarnos con Dios; de pedir, de suplicar y de persuadirlo para que responda a nuestros ruegos y pedidos; y para unirnos con Dios.

LAS MITZVOT son las leyes de la Torá que se nos ordena cumplir.

LA CARIDAD es un ejemplo notable de lo que las *mitzvot* nos permiten alcanzar.

Éstas ideas son las "herramientas" mediante las cuales podemos conectarnos con Dios y comunicarnos con Él, aunque Dios parezca abstracto en el mundo de hoy. Con estas herramientas podemos encontrar a Dios, comprender cuán cerca está de nosotros y encarar así una relación significativa con Él.

18

LA TORÁ

La Torá es más grande que todo e incluye todo. Es más grande incluso que la profecía (Tzadik #421).

HACE CERCA DE 3300 años Dios le dio la Torá al pueblo judío en el monte Sinaí. La Revelación en el Sinaí fue un punto de inflexión en la historia de la humanidad siendo la primera y única vez en que Dios Se reveló a toda una nación de millones de hombres, mujeres y niños. El pueblo judío, recién liberado de la esclavitud en Egipto, respondió comprometiéndose a seguir a Dios y a Sus Leyes, encapsuladas en una obra conocida como la Torá. Esta obra comprende tanto la Ley Escrita (la Biblia) como la Ley Oral (el Talmud y los otros escritos sagrados derivados de las enseñanzas talmúdicas, al igual que la Kabalá).

La Torá es más que un libro de leyes - es el plano de la creación del mundo. Afirma el Midrash, "Dios miró en la Torá y creó el mundo" *(Bereshit Rabah* 1:1) - queriendo decir que todos los sustentos morales del mundo se basan en la Torá. No es que Dios creó padres y luego nos dijo que debíamos honrarlos; ¡Dios creo a los padres *debido* a que debíamos honrarlos! Dios no creó gente pobre y luego nos dijo que debíamos dar caridad; Él creó gente pobre *debido a que* tenemos el mandato de dar caridad. Las *mitzvot* (mandamientos) son de hecho portales hacia Dios, siendo cada una de ellas un pequeño atisbo de luz revelando la Infinita Sabiduría de Dios.

Así como la Torá está íntimamente conectada con la creación del mundo, igualmente lo está con la humanidad misma. El Talmud hace notar que la Torá contiene 613 *mitzvot*. Hay 248 preceptos positivos, paralelos a los huesos y órganos del cuerpo humano y 365 preceptos prohibitivos, correspondientes al número de días en el año (*Makot* 23b). El *Zohar* (I, 170b) lleva esto un paso más adelante afirmando que los 365 preceptos prohibitivos son un paralelo del número de venas y tendones del cuerpo humano. Por lo tanto el versículo afirma, "Ésta es la Torá, el hombre..." (Números 19:14), pues ¡el ser humano fue formado para corresponderse con la Torá de todas las maneras posibles!

Las implicancias son dobles. Primero, significa que cada uno de nosotros puede conectarse con la Torá de muchas maneras, dado que cada parte de nosotros representa una u otra parte de la Torá. Segundo, nos ayuda a comprender que incluso nuestra existencia humana es un escalón para la vida espiritual y el crecimiento espiritual.

La Torá se adquiere a través del estudio. La Torá no es un libro de conocimientos que uno lee para absorber su contenido. Es una luz espiritual llena de la energía de Dios, encarnando la sabiduría que Dios nos impartió para que podamos llegar a conocerlo. Debemos dedicarnos al estudio de la Torá para comprender su significado simple al igual que tratar de sumergirnos en sus aguas profundas de alusiones y enseñanzas místicas. Como escribe Maimónides, "¡La Torá sólo permanecerá con aquel que se esfuerce en ella!" (*Rambam, Iad HaJazaká, Hiljot Talmud Torá* 3:2).

La cantidad de material que la persona estudie no es

tan importante como el esfuerzo que ponga en ello. Mientras que un experimentado estudioso será capaz naturalmente de cubrir muchas páginas de Torá y de Talmud, los objetivos mucho más modestos de alguien que comienza a estudiar la Torá son igualmente valiosos para Dios. Lo más importante es estudiar diariamente y aferrarse a ello, pase lo que pase. Luego de semanas y meses comenzaremos a ver que cada pequeño "depósito" se suma a una significativa inversión.

El estudio de la Torá es absoluta e innegablemente muy grande. De hecho, "Es tu vida" (Deuteronomio 30:20). De no ser así, no enfrentaríamos tantos obstáculos al tratar de obtener este bien tan valioso. Todo aquel que desee entrar en el asombroso y majestuoso mundo de la Torá deberá estar preparado para superar las múltiples barreras que se levantarán entre él y la verdadera comprensión de la Torá.

Cierta vez alguien le pidió al Rebe Najmán que lo aconsejase sobre cierta devoción en el servicio a Dios. El Rebe dijo que debía estudiar Torá. Cuando el hombre objetó, "¡Pero no sé cómo estudiar Torá!", El Rebe respondió, "¡Ora! Con la plegaria, todo es posible. Hasta el bien más grande puede adquirirse a través de la plegaria" (*Likutey Moharán* II, 111).

El Rebe Najmán estableció una marca muy alta para sus seguidores. Recomendó que estudiasen lo suficiente cada día como para que al final del año hubieran completado: 1) todo el Talmud con los comentarios de *Rashi, Tosafot, Rif y Rabeinu Asher*; 2) todo el *Shuljan Aruj* (los Códigos de Leyes Judías); 3) todos los Midrashim; 4) el santo *Zohar*; y 5) los escritos del Ari (ver *Sabiduría y Enseñanzas del Rabí Najmán de Breslov* #76). ¡Este estudio equivale a cerca de 20.000 página por año!

Pero después de hacer el listado de su programa ideal de estudio, el Rebe Najmán les dijo a sus seguidores que no debían ponerse ansiosos si se encontraban incapaces de completar todo lo que él había sugerido. "Es posible ser un judío religioso aunque no se estudie tanto", les aseguró el

Rebe. "Aunque no se sea un erudito, aún es posible ser un Tzadik. La percepción profunda no puede alcanzarse sin la erudición Talmúdica y *halájica*, pero hasta el más simple de los judíos puede ser recto y un Tzadik".

¿QUÉ SIGNIFICA ESTO PARA MÍ?

Estudiar Torá es tarea de toda la vida. Hasta los más grandes eruditos que han dominado muchas páginas de la Torá descubren constantemente nuevas ideas cuanto más estudian. Trata de organizarte estableciendo objetivos razonables y comienza a estudiar el material en un programa diario que sea útil para ti, no uno que sea demasiado pesado al punto en que termines abandonándolo.

El Midrash habla de una persona que contempla la amplitud de la Torá y dice, "¿Quién podrá aprender todo esto? Treinta capítulos de *Nezikin*, treinta capítulos de *Keilim*, veinticuatro capítulos Shabat...". Pero el hombre sabio estudia dos leyes hoy y dos leyes mañana, y así hasta que las aprende a todas (*Vaikrá Rabah* 19:2).

No te asustes ni pierdas el ánimo ante todo lo que hay para aprender. Al estudiar algo cada día y nunca dejar que pase un día sin estudiar, gradualmente acumularás más y más conocimiento de Torá.

Aunque olvides lo que hayas estudiado, no pierdas la esperanza. Nuestros sabios dicen que en el Mundo que Viene todos recordarán lo que han estudiado. Considérate como un jornalero a quien se le paga para que vierta agua en barriles que están llenos de agujeros. El tonto dice, "¿Para qué perder mi tiempo?". Pero el sabio dice, "Se me paga por día. ¿Qué diferencia hay que los barriles se llenen o no? Se me paga por poner el agua". De la misma manera, la persona que estudia Torá es recompensada por el tiempo que utiliza al estudiar y no por lo que recuerda (*Sabiduría y Enseñanzas del Rabí Najmán de Breslov* #26; ver *Vaikrá Rabah* 19:2).

Así sea que estés dando tus primeros pasos en el estudio de la Torá o que ya estés familiarizado con la importancia de esta *mitzvá*, el Rebe Najmán ofrece estas guías para lograr el éxito:

ORAR. Pide a Dios que te otorgue el privilegio de estudiar Torá y ruégale que te ayude a comprender lo que estudias. Como enseña el Rebe: Es necesario clamar y orar mucho para llegar a comprender la Torá (*Likutey Moharán* I, 21:8).

El mismo Rebe hizo esto. Al comenzar a estudiar la Mishná, encontró que era muy difícil de comprender. Lloró y clamó delante de Dios hasta que fue capaz de comprenderla por sí mismo. Más tarde, cuando empezó a estudiar el Talmud le sucedió lo mismo. Nuevamente clamó con amargura hasta que fue digno de comprenderlo. Esto fue verdad incluso de los estudios esotéricos tales como el *Zohar* y los escritos del Ari. La comprensión sólo llegó después de que hubo orado, rogado y clamado (*Alabanza del Tzadik* #8).

SÉ DILIGENTE Y RESUELTO. No es suficiente con comprar libros y ponerlos en la biblioteca. La diligencia y la devoción a la tarea son absolutamente esenciales. Una de las claves más importantes para la diligencia es establecer objetivos realistas. Es bueno tener objetivos a corto y a largo plazo, pero por sobre todo, deben ser realizables. Apuntar a lo que es posible construye el entusiasmo; desear lo imposible lo destruye.

Incluso con el compromiso y la devoción hay veces en que no puedes alcanzar tus objetivos diarios. Ciertos días como Iom Kipur y Purim, cuando todos están ocupados con la plegaria y las *mitzvot* del día, se hace imposible cumplir con una carga completa de estudio. Lo mismo es verdad de los días que se salen de lo común, cuando es necesario viajar a alguna parte, o encargarse de la boda de un hijo y demás. En tales casos, lo mejor es hacer lo que el rabí Natán mismo hacía. El rabí Natán había diseñado diferentes planes de estudio para diferentes días. Por ejemplo, la cantidad de leyes que intentaba estudiar de los Códigos dependía de lo que el programa del día le permitiese - tanto para los días de la semana, tanto para un viernes, tanto para un Shabat o una Festividad, tanto para un día de viaje. Cada día tenía diferentes tiempos posibles para el estudio de la Torá, algunos días más, algunos días menos; la cantidad no era su principal preocupación. Lo más importante para el rabí Natán -y lo más importante para nosotros- era mantener los objetivos que él se había establecido y los cuales se había comprometido a realizar (rabí Eliahu Jaim Rosen).

BUSCA UN CONOCIMIENTO AMPLIO. El Rebe Najmán enfatizó la necesidad de un conocimiento general y extensivo de la Torá. De acuerdo a ello, el Rebe favorecía el método de estudio que produce un conocimiento amplio en lugar del acercamiento que desarrolla proezas analíticas. Pasar meses diseccionando una o dos páginas del Talmud puede hacer que la persona se transforme en algo parecido a un "especialista" y agudice su facultad para la dialéctica, pero en última instancia el resultado es que los estudiantes, en su mayor parte, terminan siendo ignorantes de la mayor parte de los tratados talmúdicos y, aún peor, de sus Leyes.

Establece las áreas que intentas estudiar, centrándote en cubrir la mayor cantidad de terreno posible de acuerdo al tiempo de que dispongas. De esta manera podrás terminar cada libro que comiences y tendrás suficiente tiempo para repasarlo, ganando así un conocimiento más amplio de la Torá. El Rebe Najmán comparó esta clase de estudios con un viajero que se enorgullece de recorrer el mundo entero. Al final de su vida, al llegar al Mundo que Viene, el estudioso de la Torá podrá enorgullecerse de sus muchos "viajes", al igual que ese viajero que siempre está hablando sobre los lugares exóticos que visitó. Al haber estudiado todos los libros de Torá podrá decir "Yo estuve en este libro, pasé algo de tiempo en esos escritos..." *(Sabiduría y Enseñanzas del Rabí Najmán de Breslov #28).*

COMPRENDER Y PRONUNCIAR. El Rebe Najmán sugiere que se estudie con rapidez -con velocidad y simpleza- y no detenerse demasiado tiempo en los detalles. Trata de comprender cada cosa en su propio contexto y pronunciar las palabras de Torá al estudiarlas. No hay necesidad de esclarecer las palabras al avanzar por la página; si continúas, el significado se volverá claro más adelante *(Sabiduría y Enseñanzas del Rabí Najmán de Breslov #76).* Sin embargo es bueno que la persona esclarezca sus estudios en el idioma que comprenda *(Likutey Moharán I, 118).* De la manera que sea, debes trabajar para comprender el material que estás estudiando. No es suficiente con repetir las palabras sin saber lo que se está diciendo. La falta de comprensión no puede ser considerada aprendizaje *(Sijot veSipurim, p.87, #13).*

CONTINUAR. ¿Qué sucede cuando tratas de descifrar el significado simple del texto y aun así no lo comprendes? A partir del consejo del Rebe Najmán queda claro que la solución es continuar. Si, al estudiar, encuentras una frase o dos que no entiendes, o algún concepto que está más allá de tu comprensión, no te detengas allí. Después de todo, la mayoría de los textos tienen pasajes difíciles. Haz una marca en el lugar difícil y continúa. De esta manera, el estudio rápido te permitirá absorber cantidad. Serás capaz de repasar aquello que has estudiado una segunda y una tercera vez. Y debido a que has estudiado tanto desde tu último intento de entender ese material, tendrás éxito en comprenderlo la próxima vez. Y aunque haya cosas que nunca comprendas, la cantidad sobrepasa a todo lo demás *(Sabiduría y Enseñanzas del Rabí Najmán de Breslov #76).*

El método de estudio aconsejado por el Rebe Najmán está de hecho mencionado en el Talmud y en obras posteriores *(Avodá Zará 19a; Orjot Tzadikim #27; SheLaH, Shavuot; Maharal, en Netivot*

Olam, Netiv HaTorá; y en muchos otros importantes Codificadores).

Cuando el Rebe Najmán le dijo al rabí Natán que debía estudiar Kabalá, el rabí Natán se quejó diciendo que había muchos puntos en el *Etz Jaim* (el tratado principal de Kabalá del Ari) que no comprendía. El Rebe le aconsejó que hiciera una marca en cada parte que no entendiera. "La próxima vez que vuelvas a estudiarlo lo comprenderás y entonces podrás borrar la marca". Más tarde el rabí Natán dijo que cada vez que volvía a repasar el *Etz Jaim* las marcas eran cada vez menos (*rabí Eliahu Jaim Rosen*).

CUIDA TU LENGUA. El Rebe Najmán enseña: cada judío es una letra en la Torá. Así, hay 600.000 letras en la Torá, equivalentes a las 600.000 almas judías en la Creación (ver *Zohar Jadash, Shir HaShirim* 91a). Cuando encuentres una falta en un judío de hecho estarás, si así pudiera decirse, encontrando una falta en la Torá y volviéndola incompleta. Pero cuando te refrenes y no hables en contra de otro judío ni lo denigres, y enfatices los puntos buenos del otro, encontrarás que la Torá es perfectamente hermosa. Tendrás entonces un profundo amor por la Torá y ese amor te llevará a una mayor diligencia en los estudios (*Sabiduría y Enseñanzas del Rabí Najmán de Breslov* #91).

19

LA PLEGARIA

Enseña el Rebe Najmán: La mayor unión a Dios del judío es a través de la plegaria (Likutey Moharán II, 84). *Mediante sus plegarias cada judío adquiere un absoluto dominio y control - puede alcanzar todo aquello que desee* (ibid., I, 97).

LA PLEGARIA ES quizás la herramienta más potente que Dios le dio al hombre para conformar su mundo. En general sentimos que somos "víctimas de las circunstancias", que Dios está en control y que nosotros debemos hacer lo que Él desee aunque no lo queramos. El Rebe Najmán afirma enfáticamente que esto no es así. Tenemos un tremendo poder para cambiar nuestras vidas y las vidas de todos aquellos que nos rodean para mejor... Mediante la plegaria.

La plegaria no es solamente recitar las palabras impresas en el *Sidur* (el libro de plegarias judías). Es el medio para desarrollar una relación con Dios. Nuestros Sabios llaman a la plegaria *avodat halev*, "el servicio del corazón". La plegaria verdadera sucede cuando miramos profundamente en nosotros mismos para ver qué es lo que necesitamos y buscamos a Dios, el Único que puede hacer que ello suceda. La plegaria nos permite hablarle a Dios; rogar, suplicar y persuadirlo para que responda a nuestros ruegos y pedidos;

y para unirnos a Dios.

Las plegarias formales que los judíos recitan por la mañana, por la tarde y por la noche fueron compuestas hace más de 2000 años por los Hombres de la Gran Asamblea, un grupo de Sabios liderados por Ezra el escriba. Si bien esas plegarias son obligatorias para todos los judíos, variaciones en el *nusaj*, un estilo del servicio de la plegaria, evolucionaron subsecuentemente entre las diferentes comunidades judías. Así, el *Nusaj Ashkenazí* hace referencia al orden de plegarias y a las melodías especiales cantadas durante los servicios de la sinagoga por los judíos cuyas familias se originaron en Europa central y oriental. *Nusaj Sefarad y Nusaj HaAri* son seguidos por los judíos jasídicos. *Nusaj Eidot HaMizraj* es seguido por los judíos de Irak y otros que se conforman a las opiniones *halájicas* de Ben Ish Jai. *Nusaj Teiman* es seguido por los judíos yemenitas y *Minhag Bnei Roma*, es seguido por los judíos italianos.

Además de las plegarias formales, es posible orar en cualquier momento del día en la propia lengua materna. Las plegarias que la persona compone personalmente son en general las más significativas para ella. En este respecto, el Rebe Najmán alentó a sus seguidores a dedicarse al *hitbodedut*, o plegaria privada, determinando un tiempo y lugar para hablar con Dios, todos los días. El rabí Natán describe cómo el Rebe Najmán lo introdujo al *hitbodedut*: "El Rebe pasó su brazo por sobre mi hombro y dijo, 'Es también bueno abrir tu corazón ante Dios como lo harías con un verdadero y buen amigo'". Una sesión diaria de *hitbodedut* puede ayudar a la persona a establecer una verdadera conexión con Dios.

El Rebe Najmán enseña que la plegaria tiene el poder de cambiar la naturaleza (*Likutey Moharán* I, 30:8; ibid., I, 216). Esto se aplica tanto a las fuerzas de la naturaleza como a la naturaleza humana. El rabí Natán dijo cierta vez, "Nada puede ayudar a la persona a quebrar sus deseos no queridos excepto la plegaria. La razón para ello es muy simple. Normalmente, aquel que quiebra sus deseos se queda con dos deseos, tal como cuando alguien quiebra algo por la mitad y se queda con dos partes". Pero con la plegaria, podemos librarnos completamente de todos los deseos no queridos (cf. *Siaj Sarfei Kodesh* I-511).

    La plegaria puede incluso llegar tan lejos como para anular los decretos Celestiales antes -e incluso después- de que hayan sido emitidos (*El Libro de los Atributos*, Plegaria A:14). Reb Shimón, uno de los discípulos más cercanos del Rebe Najmán, experimentó esto de manera personal. Cuando su hijo pequeño cayó mortalmente enfermo, Reb Shimón le pidió al Rebe que orase para la recuperación del niño. Pero el Rebe Najmán no respondió. Desolado y sin esperanzas, Reb Shimón volvió a su hogar. Su esposa comprendió muy bien la implicancia del silencio del Rebe. Pero en lugar de desesperar, pasó toda la noche sentada junto a la cuna del niño orando por su hijo. A la mañana siguiente el Rebe Najmán vio a Reb Shimón y corrió hacia él con gran alegría, diciendo, "¡Mira el gran poder de la plegaria! Anoche el decreto estaba sellado. La muerte del niño era inminente. Y ahora, ¡no sólo ha sido anulado el decreto sino que el Cielo le ha otorgado también una larga vida!". La tradición dice que ese hijo de Reb Shimón vivió cerca de cien años (*Avenea Barzel*, p.39, #60).

¿QUÉ SIGNIFICA ESTO PARA MÍ?

    Tener el poder de conectarte con Dios diariamente e incluso a cada momento le otorga un tremendo sentido de importancia a tu vida. ¡Dios está esperando oírte! ¡A Dios le importas! ¿Pero cómo puedes llegar a saberlo? Es necesario perseverar. Cada vez que te vuelves a Dios, te estás conectando con Él. Al aumentar tu capacidad de abrir el corazón, sentirás un cierto sentimiento de cercanía. Pero a veces, esto parece no ser así. Estás sentado allí, apático y sin emociones. No pierdas la esperanza. Persevera. Verás las respuestas a tus plegarias.

Enseñan nuestros Sabios, "Las plegarias no son respondidas a no ser que la persona ponga toda su alma en ellas" (*Taanit* 8a). Elabora Rashi, "Deberá estar completamente concentrada". Cierta vez alguien me preguntó sobre esto. "Oro y digo plegarias una y otra vez pero no veo que los enfermos mejoren, no veo ninguna mejora", me dijo. Yo le dije, "¡¿Cuándo fue la última vez (o quizás la primera) que oraste como si tu vida dependiese completamente de ello?!". Una cosa es de los labios hacia fuera y otra es realmente sentirlo. Desde mi propio punto de vista personal, yo sé que las plegarias son respondidas. ¡No siempre lo hacemos bien, pero si perseveramos en ello, funciona! (cf. *Likutey Moharán* I, 223).

Hay muchas oportunidades para orar a lo largo del día. Aquí presentamos diferentes clases de plegarias que pueden ayudarte a forjar una conexión con Dios:

LAS PLEGARIAS DIARIAS. Los servicios de plegarias diarias son conocidos como *Shajarit* (la plegaria de la mañana), *Minjá* (la plegaria de la tarde) y *Maariv* (la plegaria de la noche). En el Shabat y las Festividades se agrega un servicio adicional denominado *Musaf* después de *Shajarit*, y en Iom Kipur el quinto servicio, *Neilá*, se dice después de *Minjá*. Compuestas como fueron por los Sabios que tenían *rúaj hakodesh* (inspiración Divina), se han vuelto las plegarias estándar para todas las comunidades judías en el formato del *Sidur*, que varía un poco de una comunidad a otra.

El hecho de que las plegarias estén escritas en hebreo no debe refrenar a la gente de utilizar una herramienta increíblemente poderosa. Saber lo que estás diciendo ciertamente facilita la tarea. Pero existen muchas ventajas en el hecho de orar en el hebreo original - entre ellas el hecho de que las palabras fueron elegidas por su inspiración Divina y que fueron escritas por personas santas que conocían el poder de la plegaria. Por lo tanto lo más aconsejable es orar de un *Sidur* en hebreo/español para que en cualquier momento sea posible comprender plenamente el significado original; se podrá mirar la traducción y apreciar el sentido de lo que se está diciendo. Si es demasiado difícil, entonces la *halajá* claramente afirma que se debe orar en el idioma que nos sea familiar.

Cada vez que puedas, ora con un *minián* (quórum de diez hombres). Afirma el Talmud, "Las plegarias del individuo pueden ser rechazadas, pero las plegarias de muchos nunca son rechazadas" (*Taanit* 8a). Ora con alegría al punto de aplaudir y cantar las palabras. Como dijo el Rebe Najmán: Considero de gran valor la manera de orar del Baal Shem Tov - con dedicación y alegría (*Tovot Zijronot* #5). Sin embargo, no se debe orar de una manera que moleste a los demás, ni utilizar manierismos dedicados a llamar la atención. Lo mejor es orar simplemente, con la mayor concentración posible.

El Rebe nunca les pidió a sus seguidores que abandonasen su *nusaj* familiar, un estilo de plegarias formales que se "hereda" de padre a hijo. No hay diferencia sobre qué *nusaj* uno siga - *Sefardí, Ashkenazí, Mizraji*, jasídico o demás. Dijo el Rebe Najmán: La Jasidut no tiene nada que ver con el *nusaj*. Es posible ser un jasid y aun así orar con el *nusaj Ashkenazí* (*Siaj Sarfei Kodesh* I-90).

HITBODEDUT. Una de las enseñanzas más importantes y mejor conocidas del Rebe Najmán introduce la idea de la plegaria privada, en reclusión, como el nivel más elevado en nuestra relación con Dios. A diferencia de las plegarias diarias regulares, el *hitbodedut* es una plegaria en el idioma natal y con las propias palabras. Es una audiencia "personal" con Dios, una oportunidad para liberar todos nuestros sentimientos internos -las alegrías y las depresiones, los éxitos y las frustraciones- que experimentamos cada día. Mediante el *hitbodedut* examinamos y volvemos a examinar nuestras acciones y motivaciones, corrigiendo las faltas y los errores del pasado al tiempo de buscar un sendero apropiado para el futuro.

El *hitbodedut* puede ser hecho en cualquier parte, mientras sea un lugar quieto y privado. Una habitación privada es buena, mejor es un parque, en los campos y en los bosques es mejor aún. Durante el *hitbodedut* le hablarás a Dios sobre las cosas que te están sucediendo. Debes contarle sobre las diferentes presiones bajo las que te encuentras, sobre tu situación personal y las de otros miembros de tu familia y también del pueblo judío en general. El *hitbodedut* es también un momento para juzgarse a uno mismo, para rever lo que uno ha hecho y los errores que le gustaría corregir. Y no olvides el lado mundano de la vida. Ora para que puedas recuperar la ropa de la tintorería y que no tengas que pagar demasiado por algo que pensaste comprar. Nada es demasiado trivial para hablar con Dios. Mientras sientas que lo necesitas, ¡ora por ello!

Ciertamente la persona debe centrar sus plegarias en el objetivo último: el servicio a Dios. Ora, ruega, pide y suplícale a Dios para que Él te revele Sus caminos, que te muestre Su misericordia, que merezcas acercarte a Él. Ora para poder ser capaz de llevar a cabo Su voluntad en el momento apropiado. Ora para experimentar la belleza de la Torá y la dulzura de las *mitzvot*.

Reb Najmán Jazán cierta vez trabajó muy duro para construir la suká del rabí Natán. Esa noche, sentados en la suká, Reb Najmán dijo, "Existe un sentimiento diferente de alegría y satisfacción cuando uno se sienta en la suká en la cual ha trabajado muy duro para construir". El rabí Natán le respondió, "Es posible, pero esto todavía no lo has intentado.

Pasa un día entero clamando a Dios, '¡Señor del universo! ¡Permíteme gustar el verdadero sabor de la suká!' ¡Entonces fíjate qué sentimientos puede experimentar la persona en la suká!" (*Avenea Barzel*, p.52, #12).

SALMOS. Este tesoro de 150 canciones de alabanza, o Salmos, expresa todo el espectro de exaltación y de tristeza en la turbulenta vida del rey David, junto con su incesante confianza y alabanza a Dios. Debido a que las emociones descritas por el rey David son universales, sus Salmos se han transformado en el compañero de los judíos en todo momento y situación. Sea lo que fuere que estés atravesando, encontrarás un Salmo que le corresponda - y también hallarás hermosos Salmos de agradecimiento para expresar tu gratitud a Dios cuando las cosas marchen bien.

TIKÚN HAKLALÍ (El Remedio General). En una enseñanza de lo más original, el Rebe Najmán identifica diez capítulos específicos de los Salmos que tienen el poder de rectificar todos los pecados en su raíz. Éste es el *Tikún HaKlalí* o Remedio General. Cada pecado, explica el Rebe, tiene su propia rectificación. Para reparar el daño espiritual causado por un pecado en particular debemos aplicar el remedio individual apropiado para ese pecado. Pero la tarea de determinar cada pecado, uno por uno, es demasiado grande para la mayor parte de la gente. ¡Si sólo hubiese una sola rectificación que pudiera anular todos los pecados de manera simultánea! Y la hay. El Remedio General del Rebe Najmán contrarresta el daño espiritual causado por la emisión en vano de semen en particular y por todos los pecados en general. Consiste de la lectura de estos Diez Salmos: **16, 32, 41, 42, 59, 77, 90, 105, 137, 150.**

El Rebe hizo referencia a los Diez Salmos en un juramento sin precedentes que continúa llevando a miles de personas a orar a su tumba en Umán, más de 200 años después de su fallecimiento. En presencia de dos testigos el

Rebe declaró, "Todo aquel que venga a mi tumba, recite el *Tikún HaKlalí* y dé por mí algo de caridad, yo prometo que intercederé por él. No importa cuán terriblemente haya pecado, ¡yo haré todo lo que esté en mi poder para extraer a esa persona del Gueinom!" (*Sabiduría y Enseñanzas del Rabí Najmán de Breslov* #141). Ésta es una promesa increíble, una que ningún otro Tzadik ha hecho. Considera el poder de esa promesa. ¡En virtud de viajar a la tumba del Rebe Najmán, de recitar el *Tikún HaKlalí* y de dar caridad, la persona se gana los servicios de un abogado defensor poderoso y elocuente, que va a abogar por su caso delante del Tribunal Celestial en su Día del Juicio!

El *Tikún HaKlalí* puede ser recitado en cualquier parte y no solamente junto a la tumba del Rebe. Puedes decirlo allí en donde estés: en la sinagoga, en tu hogar, en un parque, en un avión, ¡e incluso en Disney World! Solo lleva unos pocos minutos, pero sirve para hacerte recordar que debemos conectarnos con nuestro Hacedor, que no podemos vivir nuestra vida sin responsabilidad y que demostramos el deseo de mejorar, en cualquier momento. Es un remedio perfecto, dándole a cada uno el medio para retornar a su Fuente.

TIKÚN JATZOT (El Lamento de Medianoche). Tradicionalmente, cada noche, cerca de medianoche, los jasidim de Breslov se levantan y lamentan la destrucción del Templo en una plegaria denominada *Tikún Jatzot* (El Lamento de Medianoche). La medianoche es considerada un tiempo de favor Divino y esa plegaria, que expresa pena por la pérdida del Templo, también verbaliza el anhelo por la Redención Final y la reconstrucción del Templo. El *Tikún Jatzot* no es una plegaria obligatoria sino "el trabajo de amor" de aquellos que realmente anhelan conocer a Dios y sienten dolor y angustia por Su ocultamiento de este mundo.

La plegaria de medianoche consta de dos partes. El *Tikún Rajel* comprende Salmos y Lamentaciones sobre la destrucción del Templo y las catástrofes que han recaído sobre el pueblo judío en el exilio. El *Tikún Lea* incluye Salmos y otros escritos sagrados que expresan alabanza y anhelo por Dios y su redención.

Estar lejos de Dios es como estar durmiendo: cuanto más profundo sea el sueño, más difícil será despertar para servir a Dios. Más aún, el dormir es comparado con una sabiduría "menor", con una existencia inconsciente, mientras que el despertar corresponde a la conciencia. Así, levantarse para el *Tikún Jatzot* "quiebra" el sueño y elimina la distancia entre nosotros y Dios (*Likutey Halajot, Hashkamat HaBoker* 1:2). Nos ayuda a quebrar el sueño espiritual y a reconocer la necesidad de ser más conscientes de lo que nos rodea y de las situaciones en las cuales nos encontramos. También es análogo a encontrar los puntos buenos en nosotros en medio de la "oscuridad" que nos rodea (ver Capítulo 11, ¿Qué son los Puntos Buenos?).

El Rebe Najmán sugiere que al recitar el *Tikún Jatzot* y plegarias similares apliquemos los versículos a nosotros mismos (*Likutey Moharán* II, 101). Debido a que es una desgarradora expresión de sufrimiento y angustia, el *Tikún Jatzot* es un vehículo perfecto para liberar nuestros sentimientos más fuertes. Después del fallecimiento del Rebe Najmán, el rabí Natán se sentía incapaz de expresar su agonía por la pérdida. Sólo recitando el *Tikún Jatzot* encontraba consuelo (*rabí Eliahu Jaim Rosen*).

LIKUTEY TEFILOT. Muchas veces oramos pero no lo "sentimos". Estamos lejos de las plegarias o quizás no nos sentimos expresados en sus palabras. En este respecto, muchos grandes eruditos judíos han escrito plegarias opcionales. Éstas pueden encontrarse en *Shaarei Tzion, Taktu Tefilot* y obras similares. El Rebe Najmán valoraba mucho estas plegarias opcionales y las recitó muchas veces (*Alabanza del Tzadik* #10).

El Rebe Najmán le transmitió al rabí Natán la idea

de "transformar la Torá en plegarias" (*Likutey Moharán* II, 25). En una palabra, cada vez que oigas o estudies Torá, debes componer una plegaria con ello. Cuando estés estudiando las leyes de los *tefilín*, de los *tzitzit*, del Shabat, de Pesaj, del *lulav*, del *shofar*, de la *matzá*, y demás, tradúcelas en plegarias pidiéndole a Dios que te ayude a cumplir con la *mitzvá* de la mejor manera posible y con abundante alegría y felicidad.

El rabí Natán tomó este consejo y compuso su propio libro de plegarias, el *Likutey Tefilot* (Colección de Plegarias), que se basa en las enseñanzas de Torá del Rebe Najmán presentadas en el *Likutey Moharán*. El *Likutey Tefilot* es una colección de más de 200 magníficas plegarias sobre todos los temas y circunstancias de la vida. Cada una está imbuida de un gran anhelo y del santo deseo del rabí Natán de conectarse con Dios. Muchos hombres y mujeres recitan estas plegarias como si fuesen propias, utilizando las sentidas palabras del rabí Natán y su sincera humildad en la búsqueda de Dios.

20

LAS MITZVOT

Observa los mandamientos, estatutos y leyes que te estoy ordenando hoy, para hacerlos (Deuteronomio 7:11).

"Hoy, para hacerlos" - y mañana [en el Mundo que Viene], para recibir la recompensa por haberlos hecho (Rashi).

Escribe el rabí Natán: ¡Cualquiera sea el servicio que la persona realice en devoción a Dios la transforma en un acreedor de Dios! Esto se debe a que "no hay recompensa [suficientemente grande] para las mitzvot en este mundo" (Kidushin 39b). Por lo tanto, cuando la persona realiza las mitzvot, Dios está obligado a pagarle su recompensa en el Mundo Futuro. Hasta que Dios le pague, es considerada como un acreedor de Dios (Likutey Halajot, Shabat 6:9).

LOS MANDAMIENTOS, o *mitzvot*, son las leyes que Dios nos dio en la Torá. Hay 248 preceptos positivos y 365 preceptos negativos, para un total de 613. Las *mitzvot* son las directivas de Dios sobre cómo vivir de la manera correcta, ser responsables de nuestras acciones y centrarnos en el objetivo verdadero: acercarnos a Dios. No son recomendaciones ni consejos hechos por el hombre sino leyes diseñadas por Dios para ayudar a cada persona a moldearse y formarse transformándose en la mejor persona que pueda ser.

La palabra hebrea *miTzVá* (מצוה) proviene de la raíz *leTzaVet* (לצוות), que significa "unir". Esto nos enseña que el cumplimiento de las *mitzvot* es el medio a través del cual podemos "unirnos" y apegarnos a Dios para experimentar lo Divino.

Con el pecado diseminamos las chispas de nuestras almas y nos dispersamos, haciendo difícil unificar las cosas. Cuando cumplimos con las *mitzvot*, de hecho estamos recolectando las chispas dispersas de nuestras almas y volviendo a ser una totalidad. El rabí Natán agrega que cada *mitzvá*, de una manera u otra, debe ser realizada con un ítem material. El objetivo de hacer las *mitzvot* es tomar lo físico y elevarlo al ámbito espiritual, utilizando ese ítem corpóreo para unir y conectar con Dios (cf. Likutey Halajot, Netilat LiSeudá 6:64).

El Rebe Najmán tiene una explicación de lo más inusual para la idea de conectarse con Dios a través de las *mitzvot*. Explica:

> Las *mitzvot* expresan la sabiduría de Dios, motivo por el cual todos los preceptos tienen diferentes medidas y especificaciones. Por ejemplo, ¿por qué la prescripción de una *mitzvá* en particular es como es? Pues así es como la sabiduría de Dios lo requiere. Lo mismo se aplica a las prescripciones de otra diferente *mitzvá*; ello está de acuerdo con la sabiduría de Dios (Likutey Moharán I, 30:3).

En su tratamiento del tema, el Rebe Najmán enseña que hay tremendos niveles de percepción de la Divinidad. Al llevar a cabo las *mitzvot*, nos conectamos con la sabiduría de Dios, lo que nos permite alcanzar profundas percepciones de Divinidad. Mediante las *mitzvot* podemos alcanzar grandes y tremendos niveles espirituales. El Rebe compara la percepción humana con la pupila del ojo. La pupila incluye en ella todos los objetos grandes que se encuentran frente a ella. Tomemos, por ejemplo, una gran montaña. Cuando se encuentra frente a la pupila, toda la montaña está confinada dentro de la pupila que la percibe. De manera similar, mediante el cumplimiento de las *mitzvot*, podemos alcanzar percepciones de Divinidad que se encuentran normalmente más allá de nuestra capacidad.

Las *mitzvot* cubren todas las áreas de la vida, proveyendo una especie de plan de acción para vivir desde la "cuna hasta la tumba". Las *mitzvot* positivas incluyen guardar el Shabat y las Festividades, comer alimento kosher, orar, estudiar Torá, ser honestos en los negocios, dar caridad, hacer actos de bondad, y demás. Los preceptos negativos incluyen abstenerse del comportamiento inmoral, abstenerse de la calumnia, de la profanidad, de la adulación y de otros tipos de habla impropia, evitar la mentira, no robar y otras trasgresiones financieras y demás. Cada *mitzvá* tiene en sí muchas categorías que también son consideradas *mitzvot*. Por ejemplo, bajo la *mitzvá* de hacer actos de bondad, uno puede visitar a los enfermos, ayudar financieramente a alguien con problemas, ofrecer palabras de consuelo a alguien que esta abrumado de dificultades, o incluso simplemente sonreírle a la persona que parece deprimida. ¡Cada acto de bondad es una *mitzvá* en sí mismo!

¿QUÉ SIGNIFICA ESTO PARA MÍ?

Cuando se trata de hacer *mitzvot*, uno pueda encontrarse en un dilema. Por un lado, puedes ver a muchos judíos religiosos que cumplen con las *mitzvot*. Por otro lado, oyes a otros judíos que dicen, "¿Para qué cumplir con las *mitzvot*? ¿No es suficiente con ser una buena persona? Y aparte de ello, ¿no es acaso cada acto bueno que hago una *mitzvá*?".

Como se mencionó más arriba, las *mitzvot* no son hechas por el hombre. Dios, Quien nos creó a cada uno de nosotros, diseñó las *mitzvot* para llenar las necesidades esenciales de nuestras vidas. Cuando la persona lleva a cabo una *mitzvá*, fortalece cierta parte de su alma. Las *mitzvot* que están detalladas en la Torá y en el *Shuljan Aruj* y las *mitzvot* ordenadas por los Sabios, también son canales que nos abren las percepciones de Divinidad. Podemos simplemente flotar a través de la vida pensando que tenemos una conexión con Dios. ¿Pero realmente la tenemos? ¿Realmente nos sentimos unidos a Él? Las *mitzvot* son el "velcro" mediante el cual nos apegamos a Dios.

Es interesante notar que no es simplemente *hacer* las *mitzvot* lo que es importante sino que son los *pensamientos* e *intenciones* que la persona tiene lo que le dan poder a cada *mitzvá*. Si arrojas una moneda en el plato del mendigo sin pensar, tu *mitzvá* será mucho menos plena que si das caridad con la intención de cumplir con uno de los preceptos de Dios.

En respuesta a esta segunda cuestión: Sí, las buenas acciones son importantes y hacen que el mundo sea un lugar mucho más agradable para vivir. Pero un acto bueno no significa lo mismo para una persona que para otra. Es posible que pienses que mantener la puerta abierta para una anciana es una gran bondad. Pero la hija de esa anciana sabe que si su madre no se ejercita y abre la puerta por sí misma se volverá más frágil y débil. Un acto bueno está sujeto a interpretación; la *mitzvá* siempre tiene la misma especificación y parámetro, no importa quién la lleve a cabo.

El rabí Natán habló cierta vez sobre la cantidad de *mitzvot* que se nos han dado. Dijo, "Si una persona ama a otra, ¿le da una carga pesada o una carga liviana? Pero ¿por qué Dios nos dio lo que parece ser una pesada carga de 613 *mitzvot*? El hecho es que si sólo hubiese unas pocas *mitzvot*, entonces serían aquellos que estuviesen en esa situación específica quienes podrían llevarlas a cabo. Por ejemplo, los ricos podrían dar caridad, los eruditos brillantes podrían estudiar Torá, los granjeros podrían obedecer las leyes de la agricultura y demás. Sin embargo, con tantas *mitzvot*, siempre habrá alguna *mitzvá* que alguna persona pueda llevar a cabo" (*rabí Eliahu Jaim Rosen*).

Al igual que con todo lo bueno o valioso, llevar a cabo las *mitzvot* conlleva en general un precio que es necesario pagar. Algunas *mitzvot* son caras - un buen par de *Tefilín* puede costar arriba de 1000 dólares y las comidas del Shabat y de las Festividades (especialmente los gastos para Pesaj) suman bastante. Tener que dejar de trabajar temprano el viernes, en invierno, puede ser un inconveniente e incluso nos puede hacer perder algún negocio cuando estamos en medio de una transacción lucrativa. El no manejar un vehículo para ir a la sinagoga en el Shabat cuando uno vive a varios kilómetros de distancia puede significar una saludable caminata en el verano pero una fría travesía en invierno. Nuestros Sabios nos aseguran, "De acuerdo al esfuerzo así será la recompensa" (*Avot* 5.23). Cuanto más difícil nos sea, más ganaremos al final.

El Rebe Najmán enseña que cada *mitzvá* que la persona lleva a cabo es una vela. Esa vela será utilizada por la persona en el Futuro, para "buscar en el tesoro del Rey" - es decir, para elegir sus recompensas en el Mundo que Viene (*Likutey Moharán* I, 275). Cuantas más *mitzvot* hagamos, mayor será el número de velas que hayamos creado con las cuales buscar en el tesoro de Dios y más grande la recompensa (después de todo, ¡Dios nos lo debe!) que recibiremos por hacer las *mitzvot*.

Lo más importante, enfatiza el Rebe Najmán, es la alegría que sentimos al llevar a cabo las *mitzvot*. Sentarse para disfrutar la comida del Shabat, orar con fervor y un sentimiento de conexión con Dios, estudiar y comprender un pasaje difícil de la Torá o ayudar a otra persona - cada *mitzvá* es, en sí misma, una construcción completa. Cuando estamos contentos con nuestras devociones, llenamos esas construcciones de alegría - ¡y ellas, a su vez, nos llenan a nosotros de alegría! (ver *Likutey Moharán* I, 178).

21

LA CARIDAD

La caridad es igual a todas las otras mitzvot combinadas (*El Libro de los Atributos,* Caridad A:14).

EN EL CAPÍTULO ANTERIOR hablamos sobre el cumplimiento de las *mitzvot* y mencionamos la caridad. La grandeza de la caridad es formidable; hay muy pocas *mitzvot* que tienen tanto poder como la caridad para atraer toda clase de bendiciones sobre nosotros y sobre el mundo entero. Nuestros actos de caridad y de bondad "fuerzan" a Dios, si así pudiera decirse, a actuar hacia nosotros con bondad. Así, nuestros actos de caridad abren puertas en el Cielo y permiten que un mayor flujo de abundancia descienda hacia nosotros (ver *Likutey Moharán* II, 4:1-3).

En la superficie, puede parecer que la caridad es tomar dinero de nuestros bolsillos y colocarlo en el bolsillo de otro. Pero lo contrario es verdad. El dador se beneficia mucho más que el receptor - ¡al punto incluso de obtener dinero en retorno! Está escrito, "Traigan todos sus diezmos al tesoro... 'Por favor, hagan la prueba conmigo en esto', dice Dios, '[y comprueben] si Yo no abro las puertas del Cielo y hago descender sobre ustedes bendiciones sin fin'" (Malaji 3:10).

Comentando sobre este versículo, el Talmud enseña que aunque tenemos prohibido desafiar a Dios, de hecho se nos permite probar a Dios para ver si dar el diezmo nos otorga bendiciones (Taanit 9a). En otras palabras, si ganamos $10.000 y damos el diezmo podemos esperar que Dios nos devuelva ese diez por ciento - e incluso más. ¡Si damos el diezmo de nuestros ingresos, podemos esperar un aumento de nuestro ingreso!

El poder de la caridad es tremendo. La caridad tiene el poder de abrir las puertas cerradas del empleo y de las oportunidades de negocios (Likutey Moharán II, 4:2-3), promueve la paz en el hogar y trae curación (ibid., I, 57:8, II, 3). También ayuda a que la persona distinga entre la realidad y la ilusión (ibid., I, 25:4) y la eleva al nivel en el cual sus plegarias son respondidas (ibid., I, 2:1-4).

La caridad trae paz, como afirman nuestros Sabios, "Cuanta más caridad, más paz" (Avot 2:7). El Rebe Najmán explica que la caridad crea una atmósfera tranquila en la cual la gente puede formar relaciones satisfactorias. En tal atmósfera, las palabras de espiritualidad pueden difundirse y alcanzar a aquello que están muy lejos de Dios - no sólo a los judíos que están distantes de su herencia sino también a los no judíos, generando prosélitos.

El Rebe Najmán agrega que dar caridad rectifica muchos pecados. La caridad es una rectificación para el daño en el pacto, para la mala práctica financiera (pero no exceptúa a la persona de devolver aquello que tomó ilegalmente) y para los pecados en general (Likutey Moharán II, 29:9; I, 69:9; I, 115). La caridad también permite que la persona se eleve por sobre sus tendencias animales. La lleva al nivel de "Humano" y le otorga el nivel de santidad de la Tierra de Israel (ibid., I, 37:3-4). La caridad ayuda a revelar el Agrado Divino y puede ser beneficiosa para la crianza de nuestros hijos (ibid., II, 71).

La caridad juega un papel importante en el pensamiento

de Breslov, dado que esta práctica ayuda a la persona a centrarse en el sendero correcto. ¿Cómo? Dar caridad no es sólo algo que hacemos con nuestras manos; también demanda la aplicación juiciosa de nuestras mentes. Con la caridad nos vemos forzados a tomar decisiones: ¿Quién es un receptor digno? ¿Qué causas merecen prioridad? ¿Cuánto debo involucrarme? El vernos forzados a tomar decisiones nos enseña a centrarnos y elegir de manera juiciosa. Esto naturalmente se difunde en todas nuestras otras elecciones, tales como en la vida diaria, en las oportunidades de trabajo, en las compras e inversiones y, por supuesto, en las aspiraciones espirituales. Dar caridad influye sobre nuestras decisiones generales y nuestra concentración.

Aparte de la caridad, existe la *mitzvá* de hacer *jesed*, actos de bondad. Esta *mitzvá* incluye la hospitalidad y el ayudar a los demás - a los enfermos, a los débiles, a los desposeídos y demás. De hecho, el Talmud enseña que los actos de bondad son, de cierta manera, más grandes que la caridad (*Suká* 49b). Si alguien siente que no tiene suficiente dinero para contribuir a la caridad, aun así puede obtener todos los beneficios de dar caridad dedicándose a los actos de bondad.

¿QUÉ SIGNIFICA ESTO PARA MÍ?

¿Estás buscando una práctica diaria que te convierta en alguien que tome decisiones, que canalice tu contribución para que produzca el mayor bien y te permita ganar bendiciones tanto en este mundo como en el próximo? La caridad provee de todo esto y más.

Al igual que cualquier otra *mitzvá*, la caridad tiene parámetros y requerimientos específicos para una máxima efectividad. La cantidad mínima que uno debe dar es un diezmo, esto es el diez por ciento de los ingresos. La persona puede también dar quince o veinte por ciento, pero no más, no sea que empobrezca. ¿Qué sucede si carece de los medios para dar el diez por ciento? Aquel que tenga problemas financieros deberá consultar a un rabino competente para saber qué hacer y cómo dar. Algunos casos, después de la consulta, no parecerán tan malos; otros exceptuarán a la persona hasta que pueda volver a estar de pie.

Ahora puedes considerarte administrador de tus fondos y distribuirlos como te parezca. Aquí también hay guías para producir el mayor impacto. Donar el dinero a cualquier causa, no importa cuán dudosa sea, no te otorgará en retorno lo mismo que la caridad dada a una causa digna. El Rebe Najmán enseña que la gente pobre y recta es una buena elección, los eruditos de Torá pobres o las organizaciones que promueven la educación de la Torá son una mejor opción. La caridad que se les da a los Tzadikim es la mejor de todas, pues darles a ellos es como darles a muchos, a muchas almas judías (dado que los Tzadikim, a través de sus enseñanzas, permiten que muchos se acerquen a Dios) (*Kitzur Likutey Moharán* I, 17:9).

Dar caridad genera muchas bendiciones en este mundo y en el próximo. Más arriba hemos mencionado algunas de ellas. En el Capítulo 20 hemos hecho notar que el cumplimiento de las *mitzvot* ayuda a recolectar y a juntar las dispersas y perdidas chispas de santidad, las chispas de nuestras almas. Dar caridad es uno de los factores más potentes en la recolección de esas chispas. Dios envía abundancia diariamente a este mundo, con la intención de que Su Reinado sea reconocido y elevado. Si no actuamos de acuerdo a ello -es decir, si pecamos- producimos entonces la rotura de nuestros recipientes, dispersamos nuestras almas y difundimos las chispas de santidad por el mundo entero. Por el contrario, cuando llevamos a cabo las *mitzvot*, juntamos esas chispas y recolectamos la abundancia.

Al dar caridad no sólo estamos haciendo una *mitzvá* sino

que de hecho estamos tomando *nuestra* abundancia -aquella que perdimos debido a nuestros pecados- y la colocamos en el ámbito de la santidad. Esto eleva las chispas e incluso las rectifica. Cuando damos caridad, estamos sustentando el ámbito de la santidad. De este modo, la caridad es la fuerza más potente en la recolección de las chispas dispersas (*Likutey Moharán* I, 264). ¡Y ella trae esa abundancia hacia nosotros!

Cierta vez, cuando el rabí Menajem Mendel de Chernobil oyó una lección del Rebe Najmán sobre la caridad dijo, "¡*Nu*! ¡Debemos volver a aprender cómo dar caridad!".

RASGOS POSITIVOS Y NEGATIVOS

EL REBE NAJMÁN ENSEÑA que el cuerpo es llamado *jomer* (חומר), "materia", mientras que el alma es denominada *tzura* (צורה), "forma" (ver *Likutey Moharán* I, 170). *Jomer*, el cuerpo, es de hecho "material en bruto", maleable, que asume la "forma" del alma cuando lo moldea. Aquel que busca una vida de materialismo moldea su cuerpo de acuerdo a los requerimientos elegidos para esa vida y su cuerpo ocultará entonces su espiritualidad. Aquel que busca la Divinidad, por otro lado, moldeará y refinará su naturaleza física para ser sensible a las sutiles señales del alma, para que la innata espiritualidad del alma irradie desde dentro.

En los niveles más elevados, el cuerpo físico se transforma en un cuerpo espiritual, similar al de Moshé, cuyo rostro "irradiaba" al descender del monte Sinaí (Éxodo 34:29-30, 35); o de Adán, cuyo cuerpo brillaba más que el sol al mediodía (*Vaikrá Rabah* 20:2); o del profeta Elías, que no falleció sino que ascendió al Cielo en un "carroza de fuego" (ver Reyes 2, 2:11).

¿Cómo podemos "formar" nuestros cuerpos, controlar nuestros bajos deseos y elevarnos por sobre ellos? La clave es comprender nuestras fortalezas y debilidades, tal cual se revelan en nuestros rasgos positivos y negativos.

22

LOS CUATRO ELEMENTOS

Hay cuatro elementos fundamentales: el fuego, el aire, el agua y la tierra. Arriba, en su raíz trascendental, se corresponden a las cuatro letras del Santo Nombre de Dios IHVH (Tikuney Zohar #22). Pero abajo, en nuestro mundo, son una mezcla de bien y mal. Sin embargo el Tzadik perfecto ha distinguido y separado completamente el mal del bien, de modo que con él no queda residuo alguno del mal de ninguno de estos cuatro elementos - que engloban todos los rasgos (Likutey Moharán I, 4:5).

CUATRO ELEMENTOS BÁSICOS conforman el mundo material (estos elementos no deben confundirse con los elementos de la química). Ellos son:

- Fuego - que es caliente y seco
- Aire - que es caliente y húmedo
- Agua - que es fría y húmeda
- Tierra - que es fría y seca

Todo en este mundo está hecho de al menos uno de los cuatro elementos; la mayoría posee dos o más. El Ari explica que estos cuatro elementos corresponden a las cuatro letras del Santo Nombre *IHVH* (el Tetragrámaton) (*Etz Jaim* 42:3) y también son paralelos a los cuatro niveles o ámbitos de la existencia física: mineral, vegetal, animal y hablante (es decir, el hombre).

Tetragrámaton	Elemento	Nivel de Existencia
Apice de la *Iud*	Raíz o fuente única	Tzadik
Iud	Fuego	Hablante
Hei	Aire	Animal
Vav	Agua	Vegetal
Hei	Tierra	Mineral

Los cuatro elementos surgen de un único elemento raíz. Esto está aludido en el versículo, "Un río salía del Edén para regar el Jardín. De allí se separaba en cuatro ríos mayores" (Génesis 2:10). Es decir, hay un solo elemento raíz que se divide en cuatro - los cuatro elementos. Ese único elemento raíz es el Tzadik, la persona correcta en cuyo mérito se sustenta el mundo. Este elemento raíz es llamado el *Iesod Pashut*, el "elemento simple", por el hecho de que en su raíz, todo está unido como uno, sin diferenciación.

Es axiomático en todas las enseñanzas del Rebe Najmán que *todos* pueden llegar a ser Tzadikim en el nivel que les corresponda. Esto significa que cada persona puede aprender a controlar sus elementos físicos y unificar sus diversos atributos y cualidades. En la medida en que la persona se desarrolle espiritualmente y alcance el dominio de su cuerpo -de los cuatro elementos- podrá merecer el título de Tzadik en su nivel espiritual. Todos, en el nivel en que se encuentren, tienen en su poder el armonizar los cuatro elementos dentro de sí y de alcanzar una total armonía entre el cuerpo y el alma.

Todo el mundo está compuesto de cuatro elementos y la continua existencia del mundo se basa en la combinación apropiada y en la interacción de sus elementos. Aunque cada persona está compuesta por los cuatro elementos, cada individuo está enraizado en una letra particular del Tetragrámaton y en un elemento más que en los otros. Correspondiente a ello, también está enraizado en los rasgos de carácter que derivan de esa letra y elemento, como veremos en los capítulos siguientes. Esto explica las tremendas diferencias que encontramos en los temperamentos de la gente. Algunos temperamentos están enraizados en el fuego (por ejemplo, la arrogancia y la ira), algunos en el aire (las palabras vanas), algunos en el agua (en la gratificación sensual) y algunos en la tierra (la pereza y la depresión), como se explicará a la brevedad.

• • •

LOS CUATRO ELEMENTOS CONTIENEN todos los recursos físicos que la persona necesita para avanzar en su crecimiento espiritual, pero también contienen características negativas que pueden inhibir -e incluso revertir- ese crecimiento. Por ese motivo, los cuatro elementos son llamados "servidores". Deben servir al alma fielmente para que la persona ascienda en la espiritualidad (cf. *Likutey Moharán* I, 4:2). El rabí Natán escribe que los tres elementos superiores representan diversos intelectos, mientras que la tierra, el elemento inferior, es un paralelo de la fe, como en, "Habita en la tierra y cultiva la fe" (Salmos 37:3) (*Likutey Halajot, Shejitá* 5:2).

EL FUEGO es el más liviano de los cuatro elementos en su constitución y sus propiedades hacen que el calor se eleve. En el lado positivo, nos infunde energía y celo para lograr grandes cosas. En el lado negativo, arde dentro de nosotros con pasión y turbulencia, llevando a la arrogancia (el deseo de "elevarse por sobre" los demás), a la ira y al deseo de poder y honor.

EL AIRE, en su lado positivo, es la vida misma; es nuestro poder para respirar e infundir en nosotros frescura, es nuestro vehículo para un habla apropiada y para palabras de aliento. En el lado negativo, es la fuente de las habladurías (la tendencia a hablar sobre temas sin valor) y diversas formas de habla prohibida tales como adulación, mentira, calumnia, profanidad y burla. El aire también es la fuente de la jactancia.

EL AGUA trae alegría al mundo entero, a todos los niveles de lo mineral, vegetal, animal y humano. Por lo tanto el agua es la raíz de todos los placeres sensuales. Pero a partir del elemento del agua también surge la propensión hacia todas las pasiones. Esa propensión despierta celos y envidia, llevando al comportamiento deshonesto y al robo.

LA TIERRA, el elemento más bajo y más denso, es un paralelo del atributo de la fe. Así como la fe puede contener los más grandes niveles, pese a ser el nivel más pequeño de ellos, de la misma manera todo lo que conocemos se "asienta" sobre la tierra y está incluido en ella. La tierra representa nuestro aspecto físico y ofrece el ámbito en el cual la libertad de elección puede elevarse por sobre la densidad de la existencia corpórea. Pero también denota pereza y depresión. La persona que está dominada por los aspectos materiales de la tierra siempre se queja de su suerte y nunca está satisfecha con lo que tiene (*Shaarei Kedushá* 1:2).

Es interesante notar que los rasgos de carácter y las actitudes no se encuentran entre los preceptos de la Torá. Todo un corpus completo de mandamientos gira alrededor de las relaciones humanas - por ejemplo amar a nuestros congéneres, dar caridad a los pobres, ayudar a nuestro enemigo a descargar un peso, no guardar rencor, no vengarse, no odiar a nuestro prójimo en el corazón, y demás. Hay también numerosos preceptos que incluyen las relaciones del hombre con Dios. Sin embargo, en ninguna parte encontramos un mandamiento que indique que debemos ser morales, humildes, caritativos, bondadosos o compasivos.

LOS CUATRO ELEMENTOS

Tampoco se nos ordena no enojarnos, no ser arrogantes, no ser celosos y maliciosos. Incluso un mandamiento tal como "No odies a tu hermano en tu corazón" (Levítico 19:17) puede ser entendido como una directiva de comportamiento y no de actitud. Si, como hemos visto, los rasgos de carácter y las actitudes son tan esenciales, ¿por qué no están mencionados en el sistema de preceptos?

La respuesta es que los rasgos de carácter y las actitudes son el objetivo -y la base misma- de los mandamientos. Refinar y fortalecer nuestras características morales es una *precondición* para el éxito en la observancia de los preceptos. La premisa básica de los mandamientos es que una vez que "actuamos" de acuerdo a la moralidad objetiva de la Torá, esa moralidad se vuelve parte de nuestra estructura espiritual y emocional. Por lo tanto la Torá no nos ordena directamente "ser" sino "hacer". Por ejemplo, el hecho de actuar cariñosamente hacia alguien, aunque no nos agrade, nos fuerza a superar el sentimiento que nos hemos formado sobre esa persona y que nos impide verla como un ser humano. Claramente, el objetivo de la acción es una transformación interior. Percibir los preceptos como meramente directivas de comportamiento pasa de lado este punto crucial.

Ahora podemos ver que el sistema de los preceptos está diseñado para ayudar al hombre a expresar, a desarrollar y a refinar un rasgo de carácter innato. Si se lo contempla de esta manera, se revela la oculta directiva de comportamiento detrás de cada precepto. La Torá asume que esas actitudes y rasgos de carácter son la base de la personalidad humana y que están presentes, en forma rudimentaria, desde la infancia. Perfeccionar los rasgos de carácter positivos por un lado y trasmutar la energía de los rasgos negativos por otro, presenta el desafío más serio que debemos enfrentar a lo largo de nuestras vidas.

23

COMER Y DORMIR

Debes sentir una gran compasión por tu cuerpo. Ayúdalo a deleitarse en todas las percepciones espirituales que tenga tu alma.

Tu alma está siempre viendo y comprendiendo cosas muy exaltadas. Pero el cuerpo no sabe nada de ello. Ten compasión de la carne de tu cuerpo. Purifícala. Entonces el alma será capaz de informarle todo lo que ella está siempre viendo y comprendiendo (Likutey Moharán I, 22:5).

COMO HEMOS VISTO, el *fuego* es el más liviano de los cuatro elementos y sus propiedades hacen que el calor se eleve. Cada persona lleva "fuego" en su interior - es parte necesaria de su tracto digestivo que, al igual que el fuego, consume todo lo que entra en él. Comer es la fuente principal del mantenimiento de ese fuego. Así como el fuego debe ser alimentado con combustible para que siga ardiendo, el tracto digestivo debe ser "alimentado" para mantener la temperatura normal de la persona (calor), para que funcione satisfactoriamente y la persona no enferme.

Pero hay diferentes maneras de comer. Todos sabemos cómo el comer se puede extralimitar, cómo un trozo de torta o una cucharada de helado pueden llevar a otro y a otro más y a otro más todavía. Para numerosas personas, la comida se ha vuelto una pasión abrumadora - testigo de ello son los numerosos lugares de expendio de comida rápida, la cantidad de máquinas para la venta de refrigerios hasta en los subterráneos, las hamburguesas de tamaño descomunal y el aumento mundial de la obesidad y los desórdenes alimenticios.

El Rebe Najmán le da a la gula el nombre de "lujuria" y la pone al frente de todas las otras pasiones junto con el deseo sexual y la avaricia (*Likutey Moharán* I, 62:5). La gula es el deseo principal pues Adán, el primer hombre, la usó de manera inapropiada. Dios le ordenó una cosa -no comer del Árbol del Conocimiento del Bien y del Mal- pero Adán se vio superado por la tentación. Desde entonces el hombre ha estado luchando la "batalla para no engordar" o contando calorías o dándose el gusto con más y diferentes experiencias gastronómicas. En verdad, una buena parte de nuestros días está ocupada con la comida. "¿Qué hay para desayunar?". "¿Dónde comeremos al mediodía?". "¿Qué tenemos para la cena?". "¿Qué torta compraremos para la hora del té...?". Si quieres entender por qué tanto de nuestras vidas está ocupado con la comida, reflexiona sobre el hecho de que el rabí Natán explica simplemente que el primer pecado -el primer deseo- fue comer y que es nuestra misión rectificar ese pecado.

Todas las leyes y costumbres de ingerir alimentos que son kosher y recitar las bendiciones por lo que comemos tienen el objetivo de hacer del ritual de comer un acto espiritual. Ésta no es la única manera de elevar el comer. El Rebe Najmán hace notar que cuando tomamos las comidas especiales preparadas para el Shabat y las Festividades, esos alimentos nos nutren en un plano superior, más que cuando comemos durante los seis días de la semana (cf. *Likutey Moharán* I, 277:4; ibid., I, 57:6). Además, en la mayor parte de las comidas se encuentran chispas de santidad. Al comer en santidad podemos rectificar esas chispas y almas caídas.

El alimento es digerido y absorbido por el flujo sanguíneo. Cuando se come en santidad, ello trae santidad. De otra manera se alimenta el fuego del cuerpo con materialidad. Cuando el cuerpo es alimentado con deseos materiales, sucumbe al mal de los rasgos negativos que posee. Éstas son las características negativas que todos tenemos que combatir a lo largo de nuestras vidas.

• • •

DORMIR, al igual que comer, es una necesidad absoluta. Permite que el cuerpo descanse y se revitalice. También ocupa mucho de nuestro tiempo, volviendo improductivas las horas pasadas durmiendo. ¿O no es así?

Comprendamos el significado del dormir. Dormir, al igual que comer, es resultado del hecho de que Adán comió del Árbol. El Talmud enseña que "la comida induce el sueño" (*Ioma* 18a) y "El dormir es una sesentava parte de la muerte" (*Berajot* 57b). El hecho de que Adán comiera del Árbol trajo la muerte al mundo, lo que también hizo que el dormir se volviese una preocupación importante para la humanidad.

Como se dijo en el capítulo anterior, la *tierra* es el más pesado de los cuatro elementos y denota apatía y depresión. La persona apática pasará una gran cantidad de tiempo en cama y la deprimida dormirá mucho. La tendencia a dormir de más es sintomática de una dosis extra del elemento tierra, de pereza, depresión, tristeza y descuido. Por lo tanto enseña el Rebe Najmán, "¡La pereza y la depresión son la mordida de la Serpiente Primordial!" (*Likutey Moharán* I, 189).

Sin embargo, la idea de dormir puede ser mal interpretada como significando una "pérdida" de tiempo. En un sentido, ello es verdad. Quizás un cuarto o incluso un tercio de nuestras vidas se pase durmiendo. Pero cuando la persona descansa con la intención de refrescarse para poder continuar con sus actividades y devociones diarias, entonces el dormir de hecho, es muy productivo.

Sin embargo, la naturaleza humana tiende a buscar el sendero "más fácil" - el camino del descanso y la recreación, no las presiones del diario vivir. Por lo tanto es mucho más fácil caer en la pereza como una excusa para dormir algo más. Y aquí es en donde el elemento tierra juega su parte.

¿QUÉ SIGNIFICA ESTO PARA MÍ?

En el cuento clásico del Rebe Najmán, "La Princesa Perdida" (*Los Cuentos del Rabí Najmán* #1), el primer ministro del rey pasa muchos años buscando a la princesa. Cuando finalmente la encuentra, es puesto a prueba para comprobar si puede rescatarla. Dos veces sucumbe a las tentaciones de comer y dormir y sólo al final, cuando se decidió a completar su misión tuvo realmente éxito.

El rabí Natán comenta que la primera vez que el primer ministro falló es equivalente a Adán comiendo del Árbol. La segunda vez es un paralelo de la Generación del Diluvio, cuando la humanidad sucumbió a toda clase de inmoralidades y cayó en un sueño espiritual. Finalmente, el primer ministro tuvo éxito en su búsqueda, al igual que las generaciones de gente recta que mantuvieron su resolución ayudando a la humanidad a emerger de su apatía espiritual y a despertar de su sueño.

En términos prácticos, esto significa que comer y dormir son cosas positivas que *debemos* hacer. Pero tenemos que asegurarnos de utilizar nuestra fortaleza física para propósitos constructivos. Comer es un proceso de purificación; ¡puede de hecho rectificar mis propios pecados al igual que los pecados de las eras previas, retrocediendo hasta Adán! Puedo elevar las chispas de santidad meramente con un poco de comida y una bendición y revitalizar mi alma con el descanso apropiado.

El Rebe Najmán tenía un seguidor, R' Dov de Tcherin, que se esforzaba por levantarse temprano, a la madrugada, para dedicar tiempo al servicio a Dios. Pero R' Dov tenía dificultades en quedarse despierto y sufría dolores de cabeza. El Rebe Najmán le aconsejó, "¡Duerme! ¡Come! ¡Solamente cuida tu tiempo!" (*Kojvei Or*, p.25).

24

EL ELEMENTO FUEGO

Hay luminarias de luz y hay luminarias de fuego. Uno debe aprender a subyugar las luminarias de fuego ante las luminarias de luz (Likutey Moharán II, 67:1).

EL REBE NAJMÁN HACE referencia a los verdaderos líderes rectos como siendo las "luminarias de luz" pues ellos le dan luz y buenos consejos a la gente. En oposición a ellos están los líderes falsos y malvados que son llamados "luminarias del fuego", pues ellos arden y finalmente les producen mucho daño a todos y al mundo en general. La idea de subyugar el "fuego" ante la "luz" se aplica igualmente a nosotros en nuestros rasgos de carácter. Al examinar más rasgos de carácter positivos y negativos sobre los cuales tenemos que trabajar notamos que el elemento fuego se encuentra detrás de muchos de ellos.

• • •

¿ORGULLO O HUMILDAD?

Dios creó tantas clases diferentes de personas que es fácil a veces sentirse orgulloso. Adonde fuera que vayas, encuentras gente que posee menos talento, menos inteligencia, que es menos importante y que tiene un nivel económico más bajo que tú. Ten cuidado: la arrogancia te hiere más a ti que a ellos. Afirman nuestros Sabios, "De todo aquel que es arrogante Dios dice, 'Yo y él no podemos habitar en el mismo mundo'" (Sotá 4b). Las Escrituras enseñan que Dios habita con los judíos aunque estén impuros (ver Levítico 16:16). Pero cuando la persona es arrogante, Dios se aleja de ella. Más que alienar a la persona de los demás, la arrogancia la aliena de Dios.

Por lo tanto, a lo largo de los escritos del Rebe Najmán encontramos muchos consejos y advertencias para mantenerse lejos de la arrogancia. Ella trae pobreza (*Likutey Moharán* I, 4:8), ella lleva a la inmoralidad (ibid., I, 11:3) y a una hueste de otros desastres. La arrogancia, pensar sobre la propia importancia, crea una sombra que oscurece la luz de Dios.

Por otro lado, el Rebe enseña que cuando la persona es humilde, puede anularse delante de Dios. Su humildad disminuye su esencia al punto en que no existen obstáculos para recibir la luz de Dios (ibid., I, 170). Recibir la luz de Dios no hace referencia sólo a sentir Su Presencia. Significa recibir las bendiciones y la abundancia que Dios continuamente nos está enviando. Con su actitud, la persona arrogante crea barreras a la Presencia de Dios, a Su abundancia y a los recipientes para captar Sus bendiciones.

Pero, ¿qué es exactamente la humildad? ¿Es caminar con la cabeza gacha, reacio a hablar con los demás? Mucha gente actúa de manera humilde para los otros, pero su humildad es en realidad orgullo pues la arrogancia motiva su comportamiento (ibid., I, 11:8).

El Rebe Najmán dice que para ser humilde, uno no debe menospreciarse. Es necesario saber y reconocer exactamente quién es uno, qué es lo que ha hecho y cuánto ha logrado. Al mismo tiempo, es necesario honrar y respetar a los demás como si su ser y sus logros fueran mayores que los tuyos (ibid., I, 14:5; ibid., II, 72:2). Esto no es una contradicción. La humildad es una actitud que te permite anularte ante Dios. Cuando piensas en tu insignificancia frente al Creador, puedes adoptar una posición de pequeñez, lo que te permitirá alcanzar el sentimiento de que los demás son importantes. Esto no minimiza de manera alguna tu verdadero valor, que como ser humano, es tremendo. Ello te da la libertad de adoptar el sentimiento de que los demás son importantes y que debemos respetarlos.

¿QUÉ SIGNIFICA ESTO PARA MÍ?

La próxima vez que te disgustes cuando las cosas no sucedan como lo esperabas, detente y fíjate qué es lo que está pasando dentro de ti. El sentimiento de "*Yo* quiero que sea de esta manera y esto no está yendo como *yo* quiero" es una señal de que ha emergido el rasgo del orgullo. La manera de corregirlo es volverse humilde y traer a Dios dentro de la ecuación. Dile a Dios, "Yo quiero hacer lo que sea correcto, pero no puedo llevarlo a cabo". Entonces Dios te ayudará a enderezar todas las cosas que están yendo mal en tu vida.

• • •

¿IRA O PACIENCIA?

¿Has visto alguna vez a una persona enojarse? Su rostro se torna rojo, sus rasgos faciales se retuercen de manera grotesca y parece como que está por explotar. El elemento del fuego destruye su temperamento y lo reemplaza con una ira ardiente. Los kabalistas explican que cuando la persona se enoja no sólo pierde su apariencia física sino que literalmente desgarra su alma sagrada y la reemplaza con el alma del Otro Lado (del mal), que Dios nos ampare (Zohar II, 182; Shaar Rúaj HaKodesh, p.33).

La ira es representativa de Esaú, quien es llamado el "gran acusador". Es decir, así como Esaú intentó destruir a Iaacov, de la misma manera el enojo despierta a los acusadores arriba que buscan entonces castigar esa ira. Más aún, incluso en esta tierra la persona irascible es desdeñada y a veces despreciada (ver Likutey Moharán I, 57:6).

El Rebe Najmán agrega que la persona irascible daña su riqueza y sus posesiones. Explica que la riqueza es la *JoMáH* (חומה) o "pared" de la persona, que le ofrece protección. Cuando la persona se enoja y responde con *JaMáH* (חמה), "ira", quiebra esa pared y queda expuesta a los daños y a la pérdida de su riqueza. La paciencia, por otro lado, es una pared protectora, tanto para la sabiduría como para la riqueza. Así, el Rebe Najmán enseña que cada persona es bendecida desde el nacimiento con una gran riqueza, pero debido a la ira que nos ataca desde la infancia tendemos a quebrar nuestra pared y perder esa bendición (*Likutey Moharán* I, 68).

La paciencia es un nivel muy elevado y loable. Aquel que alcanza la fe puede alcanzar la paciencia, dado que los dos conceptos están relacionados. La fe es en general concebida como una "fuerza de crecimiento" dado que ayuda a llevar a la persona por una senda de progreso. Mientras la persona tenga fe, podrá tener éxito, avanzará en la vida hacia sus objetivos.

El Rebe Najmán explica la conexión entre la paciencia y la fe con el ejemplo de plantar semillas en la tierra. La tierra debe ser buena para que la simiente logre enraizar y germinar. Pero después de que la semilla ha enraizado es necesario ser pacientes y esperar a que germine; hay que esperar hasta que los granos estén maduros antes de poder cosecharlos. Aquel que tiene fe está "plantando su simiente" para el futuro - pero debe nutrir esa fe ejercitando la paciencia a cada momento. Esa paciencia le permite "esperar" frente a todos los desafíos y frustraciones que encuentre y finalmente tener éxito (ver *Likutey Moharán* I, 152:2).

¿QUÉ SIGNIFICA ESTO PARA MÍ?

Al igual que el orgullo, la ira es una señal de que "lo que yo quiero" y "mis necesidades" pasan por sobre todas las cosas - incluso por sobre Dios. Usualmente nos enojamos debido a que nuestros deseos no se cumplen. Al ejercitar un poco de paciencia podemos alejarnos del calor de ese momento y darnos algo de espacio para reevaluar nuestros objetivos -e incluso decidir si queremos redireccionarlos- para que nuestra ira se disipe.

• • •

¿CELOS O BENEVOLENCIA?

Enseñó el Rebe Najmán: El *ietzer hará* (la mala inclinación o las malas características que posee la persona) odia al hombre y busca dañarlo tanto física como espiritualmente *(rabí Eliahu Jaim Rosen).*

Podemos comprender que la mala inclinación busque el daño espiritual del hombre pero, ¿por qué también dañarlo físicamente? Simplemente miremos cuánto esfuerzo pone para minar el bienestar físico y material de la persona. Hace notar el *Zohar* (I, 179): "Ven y mira el poder de la mala inclinación. El animal nace con un instinto natural de supervivencia. Huye de los depredadores y evita el daño desde que nace. No así con los niños humanos. Éstos corren directamente hacia el peligro. ¡Buscan cualquier situación peligrosa y se lanzan hacia ella! Ello se debe a que nacen con la mala inclinación". Esa ira interior y ardientes celos, ese fuego innato que se enciende con pasión y turbulencia, destruye toda posibilidad de paz interior.

Una forma en que la mala inclinación logra poner en peligro o destruir nuestro bienestar físico y emocional es mediante el rasgo de la envidia. Siendo uno de los atributos humanos más arraigados, el ardor y la pasión de los celos emergen desde una edad muy temprana. Incluso siendo niños, deseamos lo que otro tiene. Y, como todos lo sabemos, no se detiene allí. Los miembros de la familia, los vecinos, los colegas y los conocidos, todos puede ser objeto de nuestra envidia. La envidia es indudablemente el rasgo más destructivo debido a que nos deja insatisfechos y sin consuelo.

Mira simplemente lo que han causado los celos: Caín envidiaba a su hermano Abel de modo que asesinó a un cuarto de la humanidad. Los hermanos de Iosef estaban celosos de él y, como resultado, nuestros antepasados cayeron en la esclavitud en Egipto (*Shabat* 10b). Los celos que Koraj sentía por Moshé y por Aarón (Números 16) trajeron consigo no sólo la primera rebelión en la historia de la nación judía sino también la muerte de más de 14.000 personas (Números 17:14). El rey Shaúl casi mató al rey David debido a los celos que sentía. Si individuos tan prominentes pueden caer presa de los celos, ¿qué nos queda a nosotros? (ver *Likutey Moharán* II, 1:1; *Parparaot le Jojmá*, loc. cit.).

¿De dónde provienen los celos? El Rebe Najmán enseña que la envidia está enraizada en el Mal Ojo. En general el concepto del Mal Ojo no es bien comprendido y se lo considera como una especie de abstracto poder místico, pero el concepto al cual hace referencia el Rebe Najmán es la cualidad muy común de mirar a nuestros amigos y vecinos de una manera negativa o crítica (ver *Likutey Moharán* I, 54:4). El

Talmud lo describe como "alguien que está siempre mirando a la casa del otro" (ver *Bava Batra* 2b). En lugar de pensar de manera positiva sobre nuestros vecinos y amigos y desearles lo mejor, solemos envidiar sus bienes y su buena fortuna.

Lo opuesto de los celos es un ojo benevolente. Es decir, la persona mira siempre de manera bondadosa y ve el lado positivo de la gente. El versículo afirma, "Aquel con un buen ojo es bendecido, pues le ha dado de su pan al pobre" (Proverbios 22:9). Cuando la persona toma de lo que es suyo y se lo da a otro, es bendecida. El significado simple es que debido a que dio de su riqueza, será bendecida por el Cielo con riqueza adicional. Pero un significado más profundo del versículo es que la persona con un ojo benevolente es considerada automáticamente una persona "que es bendecida". Puesto de manera simple, su ojo bueno y benevolente, dándoles a los demás, encontrando el bien en los otros y teniendo esa manera positiva de vivir, ¡es en sí mismo una bendición fenomenal!

¿QUÉ SIGNIFICA ESTO PARA MÍ?

El Talmud habla de la envidia como corroyendo los huesos de la persona fallecida (*Shabat* 152b). También corroe la vida de la persona envidiosa. Los celos generan tantas malas cualidades en la persona envidiosa que debemos tratar de evitarlos a toda costa.

En su lugar, debemos practicar la benevolencia. "Aunque no puedas alcanzar un elevado nivel, aún puedes apoyar a los otros y desear que ellos alcancen aquello que tú no puedes", dice el Rebe Najmán. "Aunque yo no pueda ser un judío bueno y religioso al menos mi amigo debería serlo" (*Sabiduría y Enseñanzas del Rabí Najmán de Breslov* #119).

Comenta el rabí Natán: Yo pensé que esto era obvio. Por supuesto que si yo no puedo ser un buen judío al menos mi amigo debería serlo. Por supuesto que yo deseo que lo logre. Pero a lo largo de mi vida comencé a comprender que éste era un motivo muy importante de disputa y de burla entre los judíos. Vemos a mucha gente que ha tratado de volverse verdaderamente religiosa. Pese a poner en ello un gran esfuerzo y haber hecho intentos muy serios, no lo logró plenamente y finalmente se alejó. En lugar de alentar a los demás, esas personas se vuelven intolerantes y celosas de aquellos que oran con intensidad y que estudian la Torá. "Si yo no puedo hacerlo, tampoco ellos pueden (o deberían)", se dicen a sí mismas y hacen todo lo posible para impedir que los demás tengan éxito. Sin embargo, el verdadero judío debe hacer lo opuesto. Debe querer que los demás sirvan a Dios, aunque él mismo sea incapaz de hacerlo. ¡Éste es el verdadero amor judío! (ibid.).

• • •

¿OSADÍA O AUDACIA?

A lo largo de las enseñanzas del Rebe Najmán y del rabí Natán encontramos menciones a la idea de "ser audaz". La palabra hebrea que aparece en sus textos es *azut* (עזות). Como con muchos otros términos hebreos en general y con el uso novedoso que suele hacer el Rebe Najmán de ellos en particular, no hay una traducción exacta que incorpore todas las connotaciones que la palabra original, *azut*, conlleva. Por lo tanto el lector encontrará alternativamente en nuestros libros "audacia" u "osadía". La primera es utilizada cuando el texto tiene la intención de indicar una cualidad positiva y deseable de *azut*, mientras que la segunda es utilizada para indicar un aspecto negativo.

Uno de los atributos más grandes que la persona puede adquirir es el de ser audaz. Esto significa tener el valor para hacer sus negocios, o devociones, no importa cuál sea la situación. La persona nunca debe refrenarse de hacer aquello que desea hacer sólo porque los demás pueden burlarse de ella debido a sus esfuerzos. Aun así, el *Shuljan Aruj* (*Oraj Jaim* 1:1) advierte en contra de ser osado, de tener *jutzpa* hacia los demás. Los rasgos de la audacia y de la osadía surgen ambos del elemento fuego en la persona.

El rabí Natán elabora sobre estas características. Primero explica que la audacia es un paralelo de la fe. Aquel que trabaja para perfeccionar su fe alcanza audacia. Por el contrario, una fe dañada da como resultado una audacia dañada y la persona adquiere la característica negativa de la osadía.

El rabí Natán explica entonces que la humildad y la audacia tienen cada una un lado negativo. Incuestionablemente, la persona debe tener humildad. Si alguien se siente humilde y avergonzado delante de Dios también sentirá vergüenza de haber cometido alguna vez un pecado. Aun así debe también combinar una medida de audacia junto con su humildad. De otra manera, si se siente demasiado avergonzado delante de Dios nunca será capaz de abrir la boca y orar - y sin la plegaria, no podrá acercarse a Dios. La persona debe pararse delante de Dios con humildad tanto debido a la grandeza de Dios como debido a sus propios pecados. Pero también debe ser lo suficientemente audaz como para nunca dudar de rogarle a Dios que la acerque y le perdone sus pecados.

La peor clase de osadía es ir en contra de Dios y cometer un pecado. Pues entonces una clase diferente de humildad -la falsa humildad- levanta su cabeza. ¡La persona comienza a sentir vergüenza y se refrena de arrepentirse! "Después de todo, acabo de cometer un terrible pecado, ¿cómo puedo acercarme a Dios?". Con esa falsa humildad, la persona se hunde más aún en la osadía. Por lo tanto, dice el rabí Natán, uno debe siempre sopesar su situación con mucho cuidado, para elegir sabiamente y decidir qué es la audacia santa y la humildad y qué constituye la osadía y la falsa humildad (*Likutey Halajot, Halvaa* 3:3-4).

¿QUÉ SIGNIFICA ESTO PARA MÍ?

Aunque el Rebe Najmán enfatiza la importancia de la audacia, exactamente cómo, dónde y cuándo usarla se mantiene indeterminado. En verdad, debido al casi infinito número de factores que pueden entrar en juego en una situación dada, es imposible proveer de algo más que de principios generales para el uso de este rasgo. Por lo tanto las preguntas que se presentan concernientes a la aplicación práctica de *azut*, al igual que el uso apropiado de la humildad, sólo pueden ser resueltas mediante la plegaria. En verdad, en su *Likutey Tefilot*, el rabí Natán dedica una buena porción de las plegarias que compone sobre los temas tratados en este capítulo a pedirle a Dios que le dé el conocimiento apropiado para saber cómo, dónde y cuándo utilizar cada uno.

Aun así y como una guía simple, podemos siempre tomar en consideración que nuestras acciones no les produzcan ningún daño a los demás y que tengamos siempre cuidado de hablarles con respeto. De esa manera, sea lo que fuere que hagamos, tendremos éxito en nuestros objetivos y no se nos conocerá como individuos osados.

• • •

¿VICTORIA O DERROTA?

¿Qué prefieres, la victoria o la derrota? La victoria, por supuesto. Pero, ¿qué es la victoria y cómo definimos la derrota?

EL ELEMENTO FUEGO

Enfrentémoslo. Nadie quiere perder en una discusión. Haremos lo que fuera para asegurar nuestro triunfo. De modo que vamos a argüir, a discutir y a presentar nuestro punto de vista "estirándolo" quizás un poco (o mucho) para probar nuestra idea. En el camino dejaremos de lado la pretensión de buscar la verdad y recurriremos a cualquier medio para triunfar. Lo mismo se aplica cuando tratamos de superar a alguien en los negocios o demostrar nuestra "superioridad" entre nuestros pares. No hay límite para aquello a lo que podemos recurrir. ¿Pero es en realidad para nuestro bien?

Enseña el Rebe Najmán:

> Nuestro deseo de salir victoriosos (*nitzajón* en hebreo) nos impide aceptar la verdad. Aunque en una conversación o en una disputa llegáramos a reconocer, para nuestro fuero interno, la validez de la opinión de la otra persona, continuaremos igualmente con nuestro razonamiento en lugar de aceptar -o incluso peor, admitir- que la otra persona puede estar en lo cierto (*Likutey Moharán* I, 122).

El rasgo de carácter de *nitzajón* se encuentra frecuentemente tratado en los escritos del rabí Natán. Explica que en la Torá, la palabra para eterno, *NeTzaJ* (נצח), también significa victoria, *NiTzaJón* (נצחון). Estos dos significados son en verdad uno. Sólo aquello que es eterno puede ser llamado una verdadera victoria.

La historia ha probado una y otra vez que un pueblo oprimido bajo una nación conquistadora nunca se mantiene en silencio. Puede tomar años y hasta es posible incluso que se levante una nueva generación, pero tarde o temprano el ciclo del tiempo girará y el victorioso -debido a que su victoria no era permanente ni final- se encuentra sufriendo a manos de los vencidos. Esto también es verdad con respecto al nivel personal. "Conquistar" a un competidor en los negocios o trepar por la escala social a expensas de otra persona crea sentimientos de hostilidad y deseo de venganza en el perdedor. En última instancia, tales victorias son vacías y carecen de valor. Es posible que por el momento la persona haya alcanzado el objetivo deseado, pero ello no contribuye en nada a su paz mental para la vida en este mundo ni para su vida eterna. La victoria, dice el rabí Natán, se da cuando conquistas tus rasgos y deseos negativos. Entonces tú eres el verdadero vencedor (*Likutey Halajot, Birkot Pratiot* 5:2).

¿QUÉ SIGNIFICA ESTO PARA MÍ?

La manera de superar el rasgo del *nitzajón* es mediante la plegaria. Ruega a Dios para que te ayude a tener éxito. Cada vez que te veas enfrentado con una posibilidad de *nitzajón*, pídele a Dios que te ayude a superar tu deseo de victoria que es falso y temporal en el mejor de los casos. Busca sólo el *nitzajón* que es eterno. Recuerda, es mejor perder una discusión (o incluso más) y salvar tu alma eterna que recurrir a conquistar a los demás y forzar tu punto de vista sobre ellos.

LOS DESAFÍOS DIARIOS

CADA DÍA ENFRENTAMOS elecciones y tentaciones en las áreas de los negocios y del trabajo, del habla, del pensamiento y de la moralidad. ¿De dónde provienen esas tentaciones? Y más importante aún, ¿qué podemos hacer con ellas?

25

GANANDO EL SUSTENTO

Es bueno combinar el estudio de la Torá con una ocupación mundana, pues el esfuerzo requerido por ambos hace que se olvide el pecado (Avot 2:2).

CUANDO DIOS CREÓ al hombre lo colocó en el Jardín del Edén. Le dio la oportunidad de vivir una vida maravillosa, una vida saludable, una vida espiritual y una existencia libre de problemas. Sólo tomó una hora para que Adán perdiera todo al comer del Árbol del Conocimiento del Bien y del Mal. La vida descendió hacia el caos físico, financiero y emocional, con todo esto oscureciendo el objetivo espiritual del hombre.

El hecho de que Adán comiera del Árbol dio nacimiento a las tres pasiones físicas principales conocidas como *taavat ajilá* (el deseo de comida), *taavat mamón* (el deseo de riqueza y de bienes) y *taavat mishgal* (el deseo sexual). En verdad, no faltan cuestiones que abrumen a la persona -el deseo de honor o poder, los problemas financieros, las dificultades familiares y demás- pero estos tres deseos en particular dominan y controlan el tiempo de cada persona, su esfuerzo y concentración. Como resultado directo de la transgresión de Adán la humanidad se hundió en un abismo de ansias materiales que se transformaron en el objetivo principal de la vida.

Dado que Adán pecó al *comer* del Árbol, quedó sujeto al deseo de alimento para sustentar su cuerpo - una lucha de toda la vida. Y para sustentar su continua necesidad de alimento Adán tuvo que trabajar para ganarse el sustento, como está escrito, "Comerás pan con el sudor de tu frente" (Génesis 3:19).

De las tres pasiones principales, el deseo de dinero es la única que perdura toda la vida. En su mayor parte y en ciertas etapas, el ansia de la persona por placeres sensuales se va diluyendo y debilitado. En la ancianidad, la persona come porque necesita nutrirse; de otra manera su apetito casi desaparece. Pero la necesidad o el deseo de dinero continúan hasta el último día.

El dinero en sí mismo tiene muchos aspectos positivos. La persona que lo tiene puede comprar lo que necesite. Mejor aún, puede dar caridad, educar a sus hijos, gastar generosamente para el Shabat y las Festividades y realizar muchas otras *mitzvot*. De modo que tener dinero puede ser algo bueno. Sin embargo, es el *deseo ardiente* de dinero lo que mantiene a la persona centrada en el dinero mismo en lugar del bien que pueda hacer con él.

Están, por ejemplo, aquellos que escatiman en todos sus gastos; aunque tienen los medios, no se permiten disfrutar de la vida. También están los que viven gastando más de lo que tienen, viajando a través de la vida sobre tarjetas plásticas. Están aquellos que acopian su riqueza, aquellos que deben adquirir todo nuevo adminículo que aparezca y aquellos que controlan diariamente sus cuentas bancarias y sus portafolios de acciones. Estos son algunos de los patrones de conducta con los cuales cada persona es "bendecida" individualmente. Lo que tienes y lo que haces con lo que tienes es exclusivamente cosa tuya. Lo que el Rebe Najmán viene a enseñarnos es que esa fijación neurótica con el dinero tiene sus causas.

¿De dónde proviene ese insaciable deseo de dinero? El Rebe Najmán conecta esto con la falta de conocimiento. Dado que la maldición de tener que trabajar surge del pecado de comer del Árbol del *Conocimiento*, la persona que carece de conocimiento va a desear y anhelar y nunca estará satisfecha con lo que tiene (*Avot* 4:1: "¿Quién es rico? Aquel que está contento con lo que tiene"). Este conocimiento, o falta de conocimiento, del cual habla el Rebe Najmán no se refiere a la "sabiduría de la calle" o a una educación amplia. Hace referencia al conocimiento de Dios, al propósito de la vida del hombre, a saber cómo vivir y obtener lo máximo de cada momento. En este contexto, la falta de conocimiento significa "darse el gusto" en los deseos materiales y con las posesiones (todo lo que la persona realmente necesite no es considerado "darse el gusto").

Es verdad que vemos gente que carece completamente de conocimiento y aun así posee lo mejor de todo. Pero, como dice el Rebe, "En verdad, todo lo que tienen no es nada". De manera similar, si vemos una persona que tiene un conocimiento perfecto y aun así carece de algo, debemos saber que esa carencia no es nada (*Likutey Moharán* I, 29:12).

Cuando se trata de las diarias presiones por ganarse la vida, el Rebe Najmán nos aconseja que nuestras motivaciones no se basen en la avaricia sino en la fe. El Talmud explica que el ingreso anual de cada persona está determinado de antemano por Dios en Rosh HaShaná (el Año Nuevo Judío) (*Beitzá* 16a). La persona que entra al Año Nuevo pensando que tiene un "ingreso asegurado" puede llegar a comprobar que su dinero se reduce por gastos inesperados o facturas médicas, mientras que aquel que difícilmente llega a obtener lo que necesita puede recibir una herencia inesperada o algo que lo lleve a alcanzar el monto que Dios le tiene predeterminado. A la luz de esto, el desafío de ganar el sustento no es el tratar con el estrés del lugar de trabajo, sino el mantener nuestra fe en que Dios y sólo Dios, es Quien provee. Debemos confiar en que Él nos proveerá de todas nuestras necesidades. Con fe, la persona puede enfrentar las dificultades; sin fe, hará todo lo posible -legal e ilegalmente- para ganar un centavo.

En el rabioso mundo de los negocios, es muy tentador dar mal el vuelto o renegar de la palabra dada. Y si nadie se da cuenta de nuestro engaño, ¿por qué no hacerlo?

La respuesta es que la rectificación del mundo depende de nuestra honestidad e integridad en temas financieros. El Rebe Najmán explica que así como el deseo de comer fue un resultado directo del pecado de Adán, lo mismo es el deseo de dinero. El pecado de Adán hizo que las chispas de santidad cayeran en el ámbito de la impureza, en todos los niveles de la Creación. Como resultado, es posible encontrar chispas de santidad en los minerales, en los vegetales, en la vida animal, al igual que en los seres humanos. Los negocios tienen el objetivo de ayudar a elevar esas chispas, motivo por el cual el término hebreo para "negociar" es *masá umatán* (משה ומתן), literalmente, "elevar y dar". Todo lo que es intercambiado -así sean mercaderías compradas o vendidas, materiales en bruto (por ejemplo, textiles, metales o granos) y los servicios prestados a los demás, como servicios financieros, consejo legal y reparaciones- contienen chispas de santidad. (Esas chispas son en verdad almas, correspondientes al "alma de la cosa" [los materiales en bruto en los cuales las almas están reencarnadas]). Cuando la persona trabaja, las chispas son elevadas de un nivel a otro. El negociar con honestidad vuelve a elevar esas chispas/almas. El negociar de manera deshonesta puede impedir el ascenso de las chispas/almas e incluso condenarlas a descender a niveles inferiores.

Cada trato honesto también construye un Santuario. Nuestros Sabios explican que se necesitaron Treinta y Nueve Clases de Tareas para la construcción del Santuario en el desierto (*Bava Kama* 2a). El Rebe Najmán enseña que aquel que trabaja con honestidad y con fe encuentra que sus esfuerzos son santificados, al punto en que su trabajo puede ser considerado como la construcción de un Santuario. En contraste, aquel que carece de fe encontrará que todo lo que hace es *trabajar*. Puede ser un inventor o un famoso investigador que descubre nuevas cosas, pero debido a que sus esfuerzos no crean nada asociado directamente con un aumento del conocimiento del Infinito, son fútiles. Tal trabajo es sólo el resultado de la maldición de Adán. La persona que tiene fe no sólo ayuda a rectificar la maldición puesta sobre Adán sino que también merece traer bendiciones a su vida y al mundo en general.

¿QUÉ SIGNIFICA ESTO PARA MÍ?

Trabajar. De una manera o de otra todos tenemos que trabajar. Como enseña el Midrash, "Dios creó al hombre para ser un esclavo de por vida; si no trabaja, no come" (*Bereshit Rabah* 14:10).

En un sentido simple, el hombre debe comer para sustentar su cuerpo. Si alimenta al cuerpo, puede vivir; sin alimento, no podrá vivir. Pero el Midrash es de hecho un comentario sobre lo que el Rebe Najmán llama "conocimiento". Es decir, si la persona trabaja para adquirir conocimiento de Dios siempre tendrá algo que "comer" en el Mundo que Viene.

Por supuesto, en este mundo, necesitamos ganarnos la vida y sustentar a nuestras familias. Pero, ¿hasta qué grado? ¿Se supone que debo pasar toda mi vida tras la búsqueda de lo material? ¿O puedo seguir una carrera en un campo en el que puedo manejar mejor mi vida y tener tiempo para mí mismo, para mi familia y para mis devociones espirituales?

El Rebe Najmán era muy consciente de la necesidad

de trabajar para ganarse el sustento, un tema tratado en muchas de sus lecciones. Más consciente aún era de las fuertes demandas de tiempo que pesan sobre la persona que desea huir de la servidumbre del trabajo y buscar una vida de logros espirituales. El equilibrio perfecto entre ambos es difícil de mantener. Pero aquel que se esclaviza ante el dinero encontrará que ha hipotecado toda su vida en aras de sus necesidades y bienes. Aquel que busca una vida espiritual encontrará respiro e incluso descanso de la tarea diaria. Testigo de ello es la libertad del Shabat. Incluso aquel que debe pasar días enteros construyendo sus negocios o trabajando para otros encuentra al menos un día espiritual de descanso en el cual puede sentirse libre de la servidumbre.

26

EL HABLA

EN EL CAPÍTULO 22 vimos que los cuatro elementos influyen en el carácter humano. El *fuego* corresponde a la arrogancia y la ira, el *agua* es la fuente de los placeres que busca la persona y la *tierra* es la raíz de la pereza y la depresión. Todos los seres humanos tienen estos rasgos, al igual que los animales.

El único rasgo que distingue al hombre de los animales es el poder del habla, que corresponde al elemento del *aire*. El aire es la raíz de las palabras - esas palabras que emergen mediante el aliento de nuestro cuerpo hacia el aire exterior y "viajan" con las ondas de sonido hasta que alcanzan a la persona a quien están dirigidas. El aire también hace referencia a la tendencia de hablar sobre temas sin valor y al habla prohibida tal como la adulación, la profanidad, la mentira, la calumnia, la burla y demás. El aire -el habla- es también la fuente de la jactancia.

El habla ocupa un lugar de importancia en los escritos del Rebe Najmán. Enseña el Rebe, "No todo hablar puede ser considerado como habla", como se afirma en los Salmos, "No es habla, no son palabras, si no son oídas" (Salmos 19:4). El

Rebe explica que el motivo por el cual nuestras palabras no son oídas es que carecen de bien - carecen de conocimiento y conciencia del bien (*Likutey Moharán* I, 29:1).

Todos sabemos a qué clase de habla se está refiriendo el Rebe. Las habladurías, la calumnia, la adulación, la profanidad y los chismes se han vuelto socialmente aceptables en la sociedad moderna. Es muy tentador escuchar chismes y palabras vanas; como dice el adagio, "¡Asegúrate de asistir a la fiesta a la que te invitaron pues de otra manera serás el tema de conversación!". Los chismes llaman la atención de la gente pero finalmente "no es habla, no son palabras", porque no van a ninguna parte en relación a la construcción de nuestras vidas. Por el contrario - destruyen las relaciones y arruinan reputaciones. El Rebe Najmán compara el habla prohibida con un huracán. No dura mucho, pero la devastación que deja, lleva meses o años recuperar - si se recupera al fin.

Las palabras son más que un medio para comunicar ideas. Las palabras expresan nuestros sentimientos, canalizan nuestras energías y transportan nuestro ser interior hacia donde queremos estar. Las palabras tienen un tremendo poder. Pueden penetrar en el corazón del otro, así le estemos hablando con sinceridad a nuestra familia y amigos, pidiéndole al jefe un aumento o convenciendo al agente de tránsito para que no nos pase esa multa. Las palabras pueden incluso ir más allá de nuestra esfera física y expresar nuestros deseos directamente a Dios. Mediante las palabras de plegaria creamos un recipiente que nos permite enviar y recibir mensajes, ¡que se traduce en enviar y recibir bendiciones!

El Rebe Najmán dice que cuando la persona habla de la manera apropiada, su hablar puede permear el aire que la rodea e influir positivamente sobre aquellos que están lejos de Dios - incluso en aquellos que no viven en sus aledaños (ibid., I, 17:5; ibid., I, 62:4).

El Rebe enseña también que el habla apropiada puede quebrar las barreras que impiden alcanzar los objetivos. Todo lo que necesitas es aprender a articular tu habla delante de Dios, algo que puede ser hecho durante el *hitbodedut* (la plegaria privada) o en cualquier momento del día. ¡Dilo! ¡Dilo con fervor! ¡Dilo con amor a Dios o con temor a Dios! ¡Pero dilo! "Yo quiero esto, yo quiero aquello". Al tomar tus pensamientos y articularlos delante de Dios construyes tus deseos para bien hasta alcanzar el objetivo que buscas (ver ibid., I, 66:4).

El poder del habla positiva y alentadora es absolutamente increíble. Al mismo tiempo, la fuerza destructiva del habla prohibida es increíblemente devastadora. El Rebe Najmán llama a este último tipo de habla "el fin de toda carne" (Génesis 6:3), dado que su resultado es la destrucción de la gente sobre la cual se habla, al igual que de aquellos que absorben su mal. Un ejemplo pueden ser los medios de comunicación, que raramente tienen algo bueno para decir sobre alguien. ¿No te sientes nervioso y preocupado, de hecho molesto y ansioso, cada vez que termina el noticiero de la noche, debido a lo que ellos consideran importante decirte? ¿Acaso nada bueno sucedió durante el día o la semana? Por lo tanto el Rebe Najmán enfatiza la importancia de un habla buena y positiva. ¡Imagina cuánta alegría llenaría el mundo si todos dijesen solamente palabras buenas y alentadoras!

¿QUÉ SIGNIFICA ESTO PARA MÍ?

En el mundo actual de los e-mails y los mensajes de texto, se ha perdido el arte de la comunicación. Hace mucho tiempo la gente solía dedicarle tiempo a componer sus pensamientos y a escribir y a reescribir cartas para asegurarse de que el receptor comprendería exactamente lo que se quería decir. Hoy la gente envía los mensajes de texto más rápido de lo que pueden pensar las palabras y es muy grande la posibilidad de malinterpretar y de hacer daño.

El *Zohar* compara al habla con la *sefirá* de *Maljut* (Reinado) (*Tikuney Zohar* 17a). Para nosotros, en un nivel simple, esto significa que el habla es el medio para expresar autoridad y la manera en la cual la persona puede ser vista. Utiliza tu habla de manera inteligente y mesurada y la gente te considerará sensible y solicito. Utiliza un habla errónea y serás visto como falto de elegancia y bruto. Utiliza un habla buena y positiva y la gente te oirá; después de todo tienes una manera de expresar el bien que todos buscan.

El Rebe Najmán es un ardiente partidario de buscar siempre el bien en los demás y en nosotros mismos (ver Capítulo 11, "¿Qué son los Puntos Buenos?"). Una de las mejores maneras de alcanzar esto es hablar con palabras claras, solicitas y significantes. Cuando pienses bien, hablarás bien. Después de todo, eres dueño de tus palabras.

27

LA IMAGINACIÓN

Hoy debemos darle a la mala inclinación un nuevo nombre: la imaginación (Likutey Moharán I, 25:9).

EL CEREBRO HUMANO es un aparato increíble, similar a un computador que procesa millones de millones de bits de información cada día. Todo lo que vemos, oímos, tocamos, gustamos y sentimos pasa a través de nuestro cerebro. Nuestros recuerdos de los eventos pasados no desaparecen sino que se mantienen almacenados en nuestra mente e influyen en nuestras futuras decisiones. Éste es uno de los motivos por el cual debemos mantenernos libres de las tentaciones que se nos presentan, no sea que nublen nuestro juicio.

También existe otro estímulo para el cerebro. Ésta es la imaginación. La información absorbida por el cerebro se mantiene en los recovecos de la memoria. A veces, incluso una sola palabra o la visión de algo puede disparar esa información, que entonces enciende las pasiones de la persona. Peor aún, la persona puede intencionalmente "entrar" en el ámbito del pensamiento creativo y quedar pegada a sus ideas. Esto puede ser muy beneficioso si la persona busca la calidad y la bondad. Pero puede ser muy destructivo. Todo depende de tu objetivo.

En el siglo XXI la imaginación corre alocada. Lo que la gente puede soñar hoy es absolutamente increíble: gracias a las computadoras gráficas, a la imaginería generada por computación y a los mundos virtuales, la persona puede conjurar imágenes reales e irreales con sólo apretar un botón. La depravación engendrada por el Internet y los violentos juegos de vídeo no tiene límites, tal cual vemos en la proliferación de crímenes y asesinatos inspirados por las fantasías virtuales. El Rebe Najmán sintetiza sucintamente esto cuando dice, "Tú estás allí en donde están tus pensamientos" (*Likutey Moharán* I, 21:2). Sus jasidim dieron un paso más y agregaron, "Asegúrate de que tus pensamientos estén allí en donde tú quieres estar".

Al tratar sobre los cuatro elementos (ver Capítulo 22), hicimos notar que el elemento del *agua* le da satisfacción al mundo entero, a todos los niveles de lo mineral, vegetal, animal y humano. Por lo tanto el agua es la raíz de todas las gratificaciones sensuales. El rabí Natán dijo cierta vez que en su raíz, el agua es extremadamente elevada, dado que es una de las primeras cosas que fueron creadas y de ella surgieron la mayor parte de las demás. Por lo tanto el agua le da un gran placer y disfrute a la humanidad (*Sijot veSipurim* #2, p. 69). Podemos también aplicar la idea del placer sensual a la imaginación del hombre. Ésta puede darle un gran confort y placer cuando imagina sus objetivos cumplidos y otras recompensas similares. Pero ese mismo placer puede fácilmente transformarse en una obsesión. Puede llenar su mente y su cuerpo con pensamientos y ansias que le impedirán centrarse en objetivos valiosos.

¿Es en realidad posible controlar nuestros pensamientos? El Rebe Najmán nos asegura que sí lo es. El Rebe compara al pensamiento con un caballo caprichoso que se sale del sendero y que trata de avanzar en otra dirección. El jinete

LA IMAGINACIÓN

sólo necesita tirar de las riendas para forzar al caballo a volver al sendero. De la misma manera, los pensamientos se encuentran completamente bajo el control de la persona (*Likutey Moharán* II, 50).

Por supuesto que no es simple. Todo lo que nos rodea estimula nuestra mente, y la memoria combinada con la imaginación puede fácilmente distraernos. ¿Tenemos alguna esperanza? Sí. El Rebe Najmán enseña que la mejor manera de tratar con pensamientos no deseados es simplemente ignorarlos. "Actúa como si realmente no te interesaran. Niégate a escucharlos. Continúa con lo que estás haciendo - estudiando, orando, trabajando y demás. No les prestes atención a los pensamientos ni a las fantasías, en absoluto. No mires alrededor para ver si ya se han ido. Simplemente continúa con lo que estés tratando de hacer. Finalmente se irán por sí mismos" (ibid., I, 72).

El control del pensamiento no sucede de la noche a la mañana. Pero si ejercemos el autocontrol tanto como nos sea posible, aprenderemos que sí *podemos* hacerlo. Sólo necesitamos tirar de las riendas para frenar y redireccionar nuestros pensamientos, y entonces seremos *nosotros* quienes controlemos la imaginación y no al revés.

¿QUÉ SIGNIFICA ESTO PARA MÍ?

Tu mente es una maravillosa máquina con un potencial asombroso: el *Zohar* enseña que aquel que trabaja controlando sus pensamientos de hecho hace que su cabeza sea un santuario para Dios (ver *Tikuney Zohar* #21, p. 63a). Pero hay batallas que debemos ganar para alcanzar una mente pura. El Rebe Najmán compara las batallas de la mente con los antiguos coliseos donde los reyes solían enfrentar diversas criaturas para ver cómo peleaban. De acuerdo al *Zohar*, las "criaturas" son los ángeles que llevan la Carroza de Dios, si así pudiera decirse (ver Ezequiel 1). Las fuerzas de la impureza representan las criaturas impuras que traen malos pensamientos a la mente. Cuando la persona dirige su mente hacia el bien, vence a las criaturas malvadas e invoca el poder de los ángeles buenos y bondadosos (*Likutey Moharán* I, 233). Sí, la persona tiene ese poder dentro de sí.

También puedes utilizar para tu beneficio el hecho de que la mente no puede retener dos pensamientos al mismo tiempo. No importa qué estés pensando, en el minuto en que introduces un nuevo pensamiento el pensamiento anterior queda relegado y desaparece automáticamente. Prueba esto por ti mismo. Si estás oyendo un programa de deportes y súbitamente alguien entra en la habitación para contarte una noticia muy interesante, no podrás concentrarte en ambas cosas al mismo tiempo. Incluso en medio de un tema de negocios importante, cualquier interrupción distrae la mente hacia la nueva área. Un pensamiento puede desplazar a otro - incluyendo pensamientos sobre Dios, la Torá e incluso sobre el trabajo y los intereses cotidianos (ibid.).

No siempre podemos impedir que los malos pensamientos entren en nuestras mentes. Pero sí tenemos el poder de rechazarlos una vez que nos hemos vuelto conscientes de ellos. Y así es como podemos enmendar los errores que podamos haber cometido en el pasado, cuando no éramos tan cuidadosos sobre qué elegir para pensar. Como lo expone el Rebe Najmán, "El arrepentimiento perfecto tiene que equilibrar los pecados originales de modo exacto y esto es literalmente lo que sucede aquí. Antes la persona pecó debido a que la tentación entró en su mente y sucumbió a ella. Ahora el pensamiento vuelve a estar en su mente, pero esta vez es rechazado" (cf. ibid, I, 26). ¡En un instante, la persona puede eliminar el mal pensamiento intruso que la ha plagado hasta ese entonces y tomar el control de su mente!

De modo que no te desanimes si ves que toda clase

LA IMAGINACIÓN

de tentaciones y fantasías bombardean continuamente tu pensamiento. De hecho te están dando la posibilidad de arrepentirte y enmendar el daño hecho en el pasado. *Hoy* tienes el poder de dominar tus pensamientos y tentaciones. Al hacerlo, las chispas de santidad que se quebraron y cayeron debido a tus transgresiones anteriores son ahora liberadas y de este modo puedes purificarte. Tu mente y tu voz se purificarán y encontrarás armonía y paz. Esta paz puede llevar al mundo entero de retorno al servicio a Dios.

28

EL DILEMA MORAL

La principal inclinación al mal se encuentra en el ámbito de la sexualidad (Likutey Moharan I, 2:9).

EL PECADO DE ADÁN al comer del Árbol del Conocimiento dio nacimiento a tres pasiones físicas principales que afectarían a todas las generaciones futuras: *taavat ajilá* (el deseo de comida), *taavat mamón* (el deseo de dinero) y *taavat mishgal* (el deseo sexual). Podemos comprender que el deseo de comida surge del pecado de *comer* del Árbol y que el deseo de dinero es una extensión de la necesidad de adquirir y de trabajar para ese alimento. Pero, ¿dónde se ubica el deseo sexual en lo que hizo Adán?

El Ari explica que un aspecto menos conocido del pecado de Adán fue el elemento de la pasión sexual. La frase "comer del Árbol del Conocimiento" es un eufemismo implicando que Adán y Eva cohabitaron el viernes en que fueron creados, antes de la llegada del Shabat (*Pri Etz Jaim, Rosh HaShaná* 4, p. 557). El Árbol es llamado el *Etz HaDaat* (עץ הדעת), "Árbol del Conocimiento", con la palabra "conocimiento" implicando una unión, como en, "Y Adán *conoció* a su esposa" (Génesis 4:1). Adán y Eva actuaron impulsivamente y no esperaron a unirse en el Shabat, cuando las relaciones maritales son alentadas y de hecho elevan la santidad del día (*Ketubot* 62b; *Oraj Jaim* 280:1). Así, ellos implantaron en toda la humanidad los pensamientos inmorales y las ansias de lujuria que todos experimentamos.

El Rebe Najmán enseña que el deseo más incontenible es el deseo sexual y suele citar el *Zohar* (III, 15b): "La principal inclinación al mal está dirigida a la promiscuidad sexual, que es la fuente fundamental de la impurificación".

El rabí Natán escribe que el Rebe ridiculizaba la obsesiva ansia sexual, citando las palabras de la plegaria de la mañana: "No me pongas a prueba ni me sometas a la vergüenza". Dijo el Rebe, "O la prueba o la vergüenza". Es decir, si no pasas la prueba, llegarás a la vergüenza (*Sabiduría y Enseñanzas del Rabí Najmán de Breslov* #304).

En esta sociedad contemporánea del "todo vale", nos hemos vuelto tan poco sensibles que la idea misma de la vergüenza nunca entra en nuestras mentes. Es posible que el Rebe haya vivido en el siglo XIX, pero su visión estaba profundamente centrada en el hombre del siglo XXI. Después de la anterior afirmación continuó con el comentario: "La gente está tan hundida en los deseos físicos y tan apegada a este deseo en particular, que no ayuda en nada el que se le explique cuán bajo es. Por el contrario, cuanto más le hables de ello más pensamientos lujuriosos tendrá. Por lo tanto, en la mayor parte de los casos, es mejor ni siquiera comenzar a pensar en ello" (ibid.).

El matrimonio es una *mitzvá* -de hecho es la primera *mitzvá* ordenada por la Torá- de modo que hay aspectos positivos en el innato deseo físico de procrear. Para llevar adelante esta *mitzvá*, la persona debe centrarse en ganar el sustento para mantener a su familia, igualmente comprenderá la importancia de establecer parámetros morales para su hogar y llegará a entender el significado de vivir de manera honesta para transmitirles ese legado a sus hijos. Muchas grandes cosas resultan de esta manera de ver la unión entre el esposo y la esposa.

Pero cuando el deseo sexual es apartado de la santidad del matrimonio lleva a toda clase de comportamientos inmorales. Pensamientos indecentes inundan la mente de la persona y ocupan literalmente todos sus días. Las relaciones extramaritales reflejan la peor deshonestidad y la necesidad de ocultarlas atrapa a la persona en una red de mentiras y engaños que empeoran con el tiempo. Para aquellos que buscan una relación sin compromiso, el arreglo termina de todas maneras en promesas incumplidas. Testigo de ello son aquellos que viven juntos durante varios años para comprobar si esa relación "funciona". Después se casan, se divorcian en un año o dos, preguntándose por qué no funcionó dado que "trataron" durante tantos años. La homosexualidad no es natural, incluso para aquellos que claman que es natural en ellos, pues la gente no está destinada a unirse de esa manera. Simplemente no funciona.

Quizás el peor de todos los pecados es el onanismo. Lejos de ser un estímulo del momento, la inmoralidad tiene repercusiones que se extienden a lo largo y a lo ancho de la creación. El Talmud enseña que debido al pecado, Adán quedó sujeto a la tentación y por un periodo de 130 años estuvo emitiendo simiente en vano *(Eruvin* 18b). Este pecado, a su vez, género el exilio en Egipto y el decreto de todos los subsiguientes exilios. Ello se debe a que cada gota de semen contiene vida-almas y chispas de santidad. Cuando esa simiente es emitida en vano, Dios no lo permita, se vuelve un "alma sin cuerpo". Sin nada donde habitar, es arrojada y desparramada por el mundo entero. La única manera de rectificar tal pecado es recolectar todas las chispas allí donde cayeron. El exilio tiene el propósito de recuperar y recolectar las chispas, para rectificarlas (ver *Shaar HaPesukim, Shmot; Likutey Moharán* II, 92).

Desde la época de Adán, todos los grandes Tzadikim han estado trabajando muy duro para encontrar una rectificación al pecado de la inmoralidad, tal como puede verse en los escritos sagrados. El Rebe Najmán mismo reveló el *Tikún HaKlalí* (El Remedio General), que es una rectificación general para la emisión en vano en particular y para todas las otras clases de pecados en general. El *Tikún HaKlalí* consiste de diez Salmos, recitados en este orden: 16, 32, 41, 42, 59, 77, 90, 105, 137, 150 (ver *Likutey Moharán* II, 92). Tanto los hombres como las mujeres pueden recitar el *Tikún HaKlalí* diariamente y efectuar así la rectificación del pecado sexual.

¿QUÉ SIGNIFICA ESTO PARA MÍ?

Así pues, ¿qué debemos hacer con respecto al deseo por el sexo? Más aún, ¿qué podemos hacer sobre ello? La Torá permite el placer y alienta a que la persona tenga hijos, de modo que las relaciones sexuales no pueden ser un acto pecaminoso. El problema es cuando lo sacamos del ámbito del matrimonio y tejemos fantasías en nuestras mentes.

Como siempre, el Rebe se aproxima al problema de manera directa. Hay cosas que están permitidas y hay cosas que están prohibidas. Y están las tentaciones que se acumulan y pueden llevar a la persona hacia un camino de inmoralidad y transformarse en una forma de vivir. Debe ser nuestro objetivo en cada situación cuidar el pacto (ver Capítulo 15, "¿Qué es el Pacto?"). Podemos fortalecer nuestra resolución recordando las tremendas repercusiones espirituales de la inmoralidad, sin mencionar la devastación física, emocional y financiera que produce la emisión en vano. Ello se debe a que la simiente es portadora de vida y como tal es una bendición. La bendición puede manifestarse en tener hijos, en la entrega emocional, en tener buena salud y en el ámbito financiero. Podremos lograr todo esto si nos dedicamos a vivir una vida limpia y pura.

El pacto cuidado es conocido como *BOAZ* (בועז), una palabra que incorpora los términos hebreos *BO* y *AZ* (בו עז), "en él hay fuerza". Aquel que hace lo posible para vivir de manera moral es considerado alguien de gran fortaleza. Con esto concuerda la Mishná, "¿Quién es fuerte? Aquel que conquista su inclinación" (*Avot* 4:1).

El Rebe Najmán enseña que vivir de manera moral trae como resultado grandes recompensas. Cuidar el pacto le facilita el sustento a la persona (*Likutey Moharán* I, 29:5). Aquel que se mueve bajo pautas morales también puede encontrar el consejo correcto que necesita, dado que una mente pura es capaz de separar "el rastrojo del trigo" (los residuos que embotan el cerebro como opuesto a las partes puras que pueden guiar de la manera correcta) (cf. ibid., I, 7:4). La moralidad protege a la persona de la arrogancia y de muchos otros rasgos de carácter negativos (ver ibid., I, 11:3). Las relaciones honestas ayudan a que la persona pueda orar mejor; después de todo, no está tratando de ocultar sus iniquidades al pedir por los deseos de su corazón (ibid., I, 2:2). Una mente pura puede absorber mejor las enseñanzas de Torá (cf. ibid., I, 19:6-8; I, 27:4-6; I, 101). Y la moralidad trae paz (ibid., I, 27:6).

En síntesis, no hay límites al bien que pueda alcanzarse -salud, estabilidad financiera, estabilidad emocional y, por supuesto, logros espirituales- cuando la persona lleva una vida moral. Lo opuesto también es verdad. De modo que, ¿cómo será? ¿A qué apuntamos? Los kabalistas enseñan que cuidar el pacto y vivir una vida moral es un paralelo de la *sefirá* de *Iesod*. *Iesod* se traduce como "Cimiento". Vivir de manera moral es el mejor y más fuerte cimiento que alguien pueda tener en la vida.

EL REBE NAJMÁN TRATA DE TI

EN ESTE LIBRO hemos delineado las ideas más básicas presentadas en las enseñanzas del Rebe Najmán. Por supuesto que hay más. Mucho más. Pero estos son los puntos focales de los escritos del Rebe para ayudarte a acercarte a Dios. Y a ti mismo - que es la única manera en la que realmente puedes acercarte a Dios.

Ello se debe a que el Rebe Najmán trata en realidad de ti. Sus enseñanzas tienen por objetivo ayudarte a entrar en contacto contigo mismo, a definir tus fortalezas y debilidades y a aprender a vivir una vida más simple para que puedas obtener lo mejor de cada día.

Las enseñanzas del Rebe Najmán van directamente al grano. Se centran en el aquí y en el ahora, en la tarea que tienes a mano. Hablan sobre lo que la persona puede sentir y sus capacidades - no sobre lo que está más allá de sus posibilidades ni de su alcance. El Rebe te alienta a utilizar tus propias fortalezas individuales, no algo que algún otro haya podido obtener. Tú eres tu propio yo, un ser humano hermoso, maravilloso e increíble con tus propios recursos - ¡úsalos!

Y siempre recuerda, tú eres hijo de Dios. Tú eres Su hijo favorito. Tú eres Su hijo único y preferido. De modo que vuélvete a Él. Haz de Él parte de tu vida. Incorpóralo a tu rutina diaria. Entonces podrás vivir cada momento tal como se te presente y sentirte exultante en una nueva vida de simpleza y de bondad, mereciendo llevar a cabo lo mejor que la vida te presente.

Después de todo, se trata de ti.

DIAGRAMAS

EL ORDEN DE LAS DIEZ SEFIROT

KÉTER
|
JOJMÁ
|
BINÁ
|
JESED
|
GUEVURÁ
|
TIFERET
|
NETZAJ
|
HOD
|
IESOD
|
MALJUT

ESTRUCTURA DE LAS SEFIROT

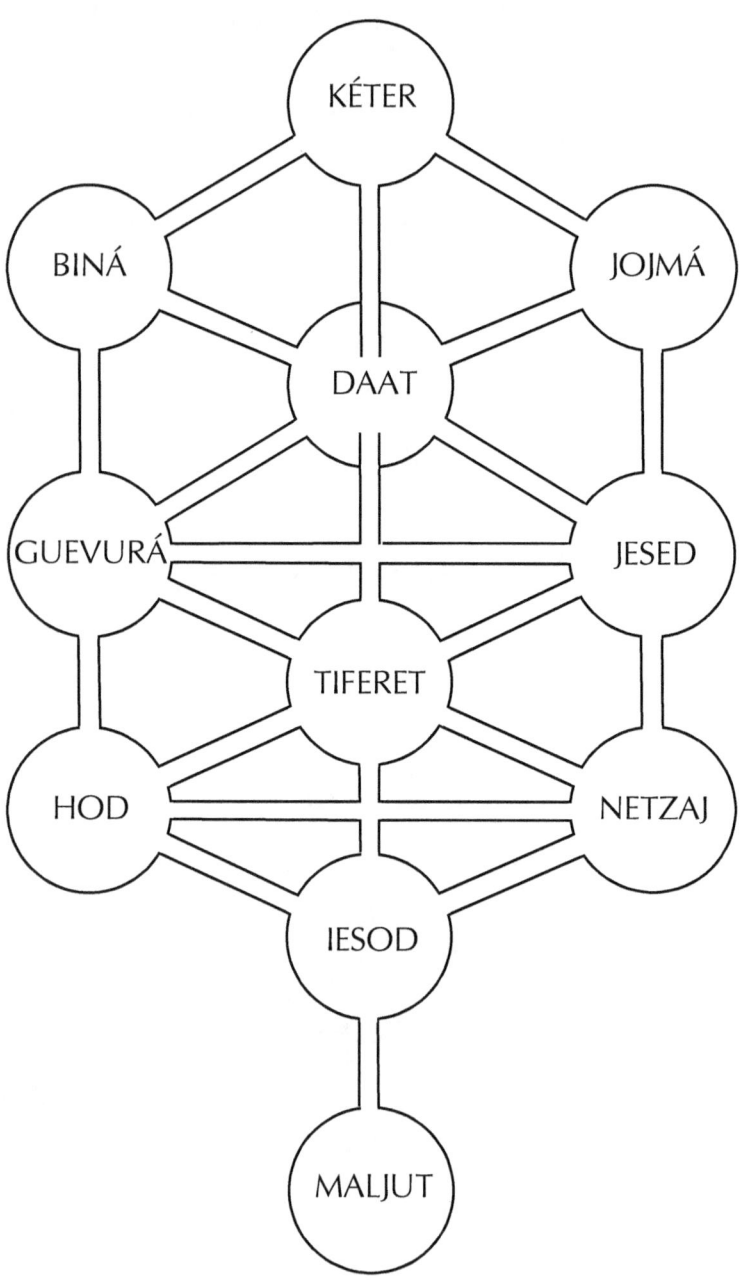

LAS SEFIROT Y EL HOMBRE

Kéter - Corona, Voluntad	Cráneo
Jojmá - Sabiduría	Cerebro derecho
Biná - Comprensión	Cerebro izquierdo
(Daat - Conocimiento)	(Cerebro medio)
Jesed - Amor	Brazo derecho
Guevurá - Fuerza, Restricción	Brazo izquierdo
Tiferet - Belleza, Armonía	Torso
Netzaj - Victoria, Duración	Pierna derecha
Hod - Esplendor	Pierna izquierda
Iesod - Fundamento	Órgano Sexual (Brit)
Maljut - Reinado	Pies

Alternativamente: Jojmá corresponde al cerebro/mente; Biná al corazón
Alternativamente: Maljut corresponde a la pareja del hombre, o la boca

NIVELES DE EXISTENCIA

MUNDO	MANIFESTACION	SEFIRÁ	ALMA	LETRA
Adam Kadmón		Keter	*Iéjida*	Ápice de la Iud
Atzilut	Nada	Jojmá	*Jaiá*	Iud
Beriá	Pensamiento	Biná	*Neshamá*	Hei
Ietzirá	Habla	Tiferet *(seis Sefirot)*	*Rúaj*	Vav
Asiá	Acción	Maljut	*Nefesh*	Hei

MUNDO	HABITANTES	T-N-T-A
Adam Kadmón	Los Santos Nombres	
Atzilut - Cercanía	*Sefirot, Partzufim*	*Taamim* - Musicalidad
Beriá - Creación	El Trono, Almas	*Nekudot* - Vocales
Ietzirá - Formación	Ángeles	*Taguim* - Coronas
Asiá - Acción	Formas	*Otiot* – Letras

LOS PARTZUFIM - LAS PERSONAS DIVINAS

SEFIRÁ	PERSONA
Kéter	Atik Iomin Arij Anpin
Jojmá ⎫ ⎬ Daat Biná ⎭	Aba Ima
⎧ Jesed ⎪ Guevurá ⎨ Tiferet ⎪ Netzaj ⎪ Hod ⎩ Iesod	Zeir Anpin
Maljut	Nukva de Zeir Anpin

Nombres alternativos para Zeir Anpin y Maljut:
Zeir Anpin: Iaacov, Israel, Israel Sava, Torá, Ley Escrita, Santo Rey, el Sol.
Maljut: Lea, Rajel, Plegaria, Ley Oral, Shejiná (Divina Presencia), la Luna.

LAS SEFIROT Y LOS NOMBRES DE DIOS ASOCIADOS CON ELLAS

Kéter - Corona	Ehiéh
Jojmá - Sabiduría	IaH
Biná - Comprensión	IHVH
	(pronunciado Elohim)
Jesed - Amor	El
Guevurá - Fuerza	Elohim
Tiferet - Belleza	IHVH
	(pronunciado Adonai)
Netzaj - Victoria	Adonai Tzevaot
Hod - Esplendor	Elohim Tzevaot
Iesod - Fundamento	Shadai, El Jai
Maljut - Reinado	Adonai

NUMEROLOGIA DE LAS LETRAS HEBREAS
GUEMATRIA

300 = ש	70 = ע	20 = כ	6 = ו	1 = א
400 = ת	80 = פ	30 = ל	7 = ז	2 = ב
	90 = צ	40 = מ	8 = ח	3 = ג
	100 = ק	50 = נ	9 = ט	4 = ד
	200 = ר	60 = ס	10 = י	5 = ה

GUÍA DE ESTUDIO

Para conocer más sobre el Rebe Najmán y la Jasidut Breslov recomendamos las siguientes obras introductorias, publicadas por el Breslov Research Institute:

GUÍA PARA BRESLOV

- *Cruzando el Puente Angosto: Una Guía Práctica para las Enseñanzas del Rebe Najmán*
- *Bajo la Mesa y Cómo Subir de Allí, Senderos de Crecimiento espiritual en el Judaísmo*

PLEGARIA Y MEDITACIÓN JASÍDICA

- *Donde la Tierra y Cielo se Besan: Una Guía para la Senda de Meditación del Rebe Najmán*
- *El Portal de la Plegaria*
- *La Llama del Corazón*

KABALÁ

- *Anatomía del Alma*
- *Tesoros Ocultos: Cómo Concretar Nuestros Potencial*

ENSEÑANZAS DEL REBE NAJMÁN

- *Likutey Moharán*
(texto en hebreo y en español, con comentarios en español)
- *Los Cuentos del Rebe Najmán*
- *El Libro de los Atributos*
- *Sabiduría y Enseñanzas del Rabí Najmán de Breslov*
- *Alabanza del Tzadik*
- *El Tikún del Rabí Najmán*
- *La Silla Vacía*

BIOGRAFÍAS DE BRESLOV

- *Tzadik: Un Retrato del Rabí Najmán*
- *A Través del Fuego y del Agua: La Vida de Reb Noson de Breslov*

El Breslov Research Institute también produce CDs de música con melodías auténticas de la Jasidut de Breslov.

Para un catálogo gratis, envíenos un e-mail a info@breslov.org, o visite nuestro sitio en Internet www.breslov.org/bookstore.

GLOSARIO

ARI - el Rabí Itzjak Luria (1534-1572), erudito judío y fundador del estudio moderno de la Kabalá

BAAL SHEM TOV - "Maestro del Buen Nombre", la apelación para el rabí Israel Ben Eliezer (1700-1760), el fundador de la Jasidut y bisabuelo del Rebe Najmán de Breslov

BRIT MILÁ - el pacto de la circuncisión

JÁNUCA - festividad de ocho días conmemorando la reinauguración del Santo Templo siguiendo la victoria de los macabeos sobre el imperio griego, ocurrida en invierno

JASID (pl. JASIDIM) - miembro de un grupo jasídico (ver Jasidut)

JASIDUT - movimiento judío fundado en Europa oriental en el siglo XVIII por el Rabí Israel ben Eliezer, el Baal Shem Tov, bisabuelo materno del Rebe Najmán. Una de sus enseñanzas esenciales es que la presencia de Dios llena todo lo que nos rodea y que es necesario servir a Dios con cada palabra y con cada acción

GUEINOM - Purgatorio

HALAJÁ - la ley judía

HITBODEDUT - literalmente, "recluirse-aislarse". El Rebe Najmán utiliza el término para referirse a la práctica diaria en la cual uno determina un tiempo y un lugar para hablar con Dios. En cierto sentido, el hitbodedut es plegaria; en otro sentido es una meditación verbal no estructurada.

IESOD - Cimiento; con mayúscula hace referencia a una de las Diez Sefirot

IHVH - el Nombre Inefable de Dios de cuatro letras, *Iud-Hei-Vav-Hei*, también conocido como el Tetragrámaton

IOM KIPUR - el Día del Expiación en el cual se requiere que los varones judíos de más de 13 años de edad y las mujeres judías de más de 12 años ayunen desde la puesta del sol hasta la aparición de tres estrellas medianas a la noche siguiente

KABALÁ - corpus de la sabiduría esotérica judía

KIBUTZ - reunión, especialmente la reunión anual de Rosh HaShaná de los jasidim de Breslov junto a la tumba del Rebe Najmán en Umán

LULAV - una de las cuatro especies que se toman y se agitan en las cuatro direcciones durante la festividad de Sukot
MALJUT -reinado; con mayúscula hace referencia a la más baja de las Diez Sefirot
MASHÍAJ - el Mesías, descendiente del rey David
MATZÁ - pan sin levadura comido en Pesaj
MIDRASH - enseñanzas homiléticas rabínicas
MINIAN - quórum de al menos diez hombres requerido para el servicio de la plegaria comunal
MISHNÁ - la redacción de la Ley Oral que forma la primera parte del Talmud, y que fue redactada en el segundo siglo de la Era Común
MITZVÁ (pl. MITZVOT) - un precepto o mandamiento de la Torá; un acto meritorio
PESAJ - la Pascua judía, una festividad bíblica, conmemorando el éxodo de Egipto, ocurrido en primavera
PURIM - festividad que conmemora la salvación del pueblo judío luego de haber sido amenazado por un edicto real en la antigua Persia
RAV - rabí, maestro
RASHI - acrónimo para rabí Shlomo Itzjaki (1040-1110), el comentarista más importante del Talmud y del Tanaj y cuyo comentario aparece en todas las ediciones standard de esas obras
ROSH HASHANÁ - el Año Nuevo judío
ROSH IESHIVÁ - decano de una academia talmúdica
SEFIRÁ (pl. SEFIROT) - emanación Divina
SHABAT - el sábado judío, que se extiende desde el atardecer del viernes hasta la noche del sábado
SHAJARIT - las plegarias de la mañana
SHAVUOT - festividad bíblica que conmemora la entrega de la Torá en el monte Sinaí
SHEMÁ, SHEMÁ ISRAEL - la declaración de fe en la unidad de Dios y el compromiso de cumplir con Sus mandamientos, compuesto por los versículos de Deuteronomio 6:4-9 y 11:13-21, y Números 15:37-41. Recitado diariamente durante las plegarias de la mañana y de la noche, y antes de irse a dormir
SHOFAR - el cuerno de carnero, soplado tradicionalmente durante

GLOSARIO

los servicios de la mañana de Rosh HaShaná

SHULJAN ARUJ - Código de Ley Judía, compilado por el rabí Iosef Caro (1488-1575), el texto básico de la *halajá* para todos los judíos

SIDUR - libro de plegarias

SUKÁ - una estructura cubierta de ramas utilizada como residencia durante la festividad de Sukot

SUKOT - festividad bíblica centrada en el símbolo de la Suká, conmemorando el cuidado benevolente del pueblo judío por parte de Dios, durante su viaje de cuarenta años por el desierto y Su continua providencia de las bendiciones materiales

TALIT - manto de plegaria

TALMUD - la Tradición Oral Judía expuesta por los líderes rabínicos, aproximadamente entre los años 50 A.E.C y 500 E.C. La primera parte del Talmud, llamada la Mishná, fue codificada por el rabí Iehudá HaNasí, cerca del año 188 E.C. La segunda parte, llamada la Guemará, fue editada por Rab Ashi y Ravina cerca del año 505 E.C.

TANAJ - un acrónimo para *Torá, Neviim* y *Ketuvim* (Torá, Profetas, Escritos), incluyendo los veinticuatro libros de la Biblia hebrea

TEFILÁ - la plegaria

TEFILÍN - la mitzvá de utilizar cajas de cuero especiales sobre la cabeza y sobre el brazo durante la plegaria de la mañana (excepto en el Shabat y en las festividades judías); las cajas mismas, que contienen versículos bíblicos declarando la unidad de Dios y los milagros del éxodo de Egipto

TESHUVÁ - arrepentimiento, retorno a Dios

TIKÚN - corrección, reparación, rectificación

TIKÚN HAKLALI - el "Remedio General" del Rebe Najmán, el recitado de diez Salmos específicos para rectificar los pecados (especialmente las transgresiones sexuales) en su raíz

TORÁ - la Ley Escrita judía, dada por Dios a Moshé en el monte Sinaí

TZADIK (pl. TZADIKIM) - persona recta; aquél que se ha perfeccionado espiritualmente

TZEDAKA - caridad

TZITZIT - la mitzvá de atar hebras a las prendas de cuatro puntas; la prenda de cuatro puntas con las hebras; las hebras mismas
ZOHAR - el clásico más grande de la Kabalá, comentario místico de la Torá del Rabí Shimón bar Iojai, sabio de la Mishná, del segundo siglo de la Era Común.

www.ingramcontent.com/pod-product-compliance
Lightning Source LLC
LaVergne TN
LVHW051830080426
835512LV00018B/2803